新TOEIC®テスト
最重要英単語500
1語1分
超速マスター

宮野智靖 [監修]
山本淳子／石澤文子 [著]

TOEIC is a registered trademark of Educational Testing Service (ETS).
This publication is not endorsed or approved by ETS.

南雲堂

はじめに

　ようこそ『新TOEIC®テスト 最重要英単語500 1語1分 超速マスター』の世界へ。今日から皆さんも私たちの語呂なかまです。語呂が導く英単語カンタン記憶術をぜひ一緒に楽しんでください。笑っているうちにいつの間にか数々の英単語を覚えてしまっているでしょう。

　語呂で覚えるというワザは目新しいわけではありません。歴史の年号なども含めてときどき見かけますよね。でも、TOEIC®テストに直結する重要な英単語がこんなにおもしろく、かつ数多く身につく語呂はそうゴロゴロころがっていないと自負しております。

　ご存じのようにTOEIC®テストの重要性は増す一方で、企業の採用、昇進の際にスコアがひとつの基準とされる傾向が顕著になっています。そんな理由で何かやらねばというプレッシャーから本書を手にした方もきっといらっしゃるでしょう。このタイトルに惹かれて「これならやれるかも！」と選んでくださった方、あなたは幸運です。英単語を無理なく笑いながら覚えることで語彙を増やせるので、語彙が勝敗を分けると言ってもいいTOEIC®テストに対して、これまでよりうんと前向きになれることと思います。

　机に向かって暗記するのもよいですが、学習だって楽しみながらできることが一番！ 脳ミソが活発に動いてくれるので、どんどん吸収できるでしょう。

　私たちが長年にわたってひねり出した語呂の中から今回500を精選しました。どれをとってもTOEIC®テストで頻出している単語ですので、受験を目指している皆様に自信を持ってお届けします。一人でも多くの皆さんが一つでも多く本書で単語を覚えて、高得点をゲットしていただくことが、私たちの何よりの喜びです。

　では、ページをめくって気に入った英単語から着々と自分のものにしていってください。本書がみなさまの手元で活用され、TOEIC®テストはもちろん、さまざまな場面で役に立ってくれることを心から願っています。

　最後になりましたが、本書を上梓するにあたり、いろいろな方々に大変お世話になりました。特に、監修の労を取って頂きました関西外国語大学短期大学部の宮野智靖教授、ならびに企画から校正まで一方ならぬご厚意とご援助を頂きました南雲堂編集部の加藤敦氏には、この場をお借りして、心より感謝の意を表したいと思います。

2010年8月
山本 淳子　石澤 文子

《本書の活用のしかた》

効果的な学習法として、こんなやり方をおすすめします。

　これから TOEIC® テストに初挑戦、あるいはまだまだ単語力が不足だなと感じている皆さんは、最初の『Level 1 どうしても覚えたい基本語（P.1〜）』を開いてください。基本的な単語はわかるけれど、もっと語彙を増やしたいという皆さんは、『Level 2 覚えておきたい頻出語（P.119〜）』からはじめてください。かなり多く単語は知っているけれどもっと強化して自信をつけたいという皆さんは、『Level 3 高得点獲得のための重要語（P.229〜）』に飛んでください。

各単語の構成は同じです。こんな順で単語を探検してください。

1. **見出し単語を読む** ― 発音記号を参照して正しく覚える。
（CD で確認する）
2. **右上にある品詞を確認する。**

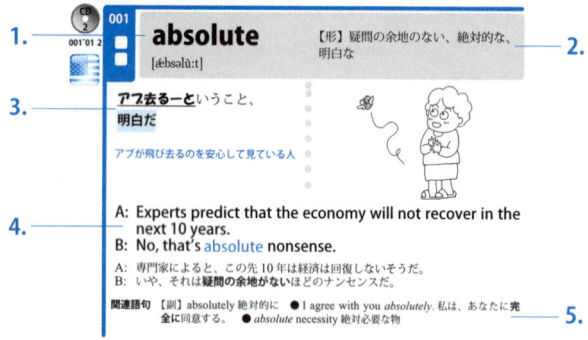

3. **イラストに目を移し、なんだろうと想像しながら左の『暗記句』を読む。**　あー、なるほど！とウケて、大笑いまたはニンマリする。
4. **単語脳が喜んだところで、その下の対話文を読む。**　さっぱりした短文なので、できれば丸ごと覚える。（CD で対話を聞く）
5. **一番下の『関連語句』を見る。**　派生語やよく使う熟語、その例文など、役立つ情報がつまっているのでここで単語の幅を広げる。
6. **最後に、『暗記句』がちゃんと記憶に残っていて単語の意味を引き出せるか、確認する。**

CDの活用法

 1.と4.の段階で並行して聞くと大変効果的です。でもじっくり本とCDに同時に向かい合えない場合、たとえば満員電車の中や、車の運転中にはCDだけ聞いてください。暗記句とともに、単語の意味がすぐ出てくるようならもう大丈夫!「なんだっけ? なんだっけ?」となるようなら後で確認してください。

 会話文を聞いて理解する練習は、TOEIC®テストのリスニングセクションのトレーニングにもつながります。アメリカ英語だけでなく、TOEIC®テストでは英米などの違った発音も聞き取る力が問われます。CDにはそれに対応して英米織り交ぜた英語で録音していますので、わずかな時間でも聞いて耳を鍛えてください。

 ページを手繰っていくにつれ、自分にいちばん合った使い方を自ら見いだされていくことでしょう。それに従って、最初から始めた方はぜひ最後まで、途中から始めた方もまた前にもどって(意外とカンタンな単語を知らなかった、という発見もあるかもしれません)全500語を使いこなせるようマスターしてください。さあ始めましょう!

本書で使われているマークについて

●関連語句・例文、【名】名詞、【(自・他)動】動詞、【形】形容詞、【副】副詞、【類】類義語、【反】反意語、【多】多義語

P.196 'oath' のイラスト

CONTENTS

はじめに	iii
本書の活用のしかた	iv
『Level 1　どうしても覚えたい基本語』	1
『Level 2　覚えておきたい頻出語』	119
『Level 3　高得点獲得のための重要語』	229

LEVEL 1

⟨Basic⟩
どうしても覚えたい基本語

001 ~ 233

001~012

001 absolute
[ǽbsəlùːt]

【形】疑問の余地のない、絶対的な、明白な

アブ去るーということ、**明白だ**

アブが飛び去るのを安心して見ている人

A: Experts predict that the economy will not recover in the next 10 years.
B: No, that's absolute nonsense.

A: 専門家によると、この先10年は経済は回復しないそうだ。
B: いや、それは**疑問の余地がない**ほどのナンセンスだ。

関連語句 【副】absolutely 絶対的に ● I agree with you absolutely. 私は、あなたに完全に同意する。 ● absolute necessity 絶対必要な物

002 absorb
[əbzɔ́ːrb]

【他動】〜を吸収する、〜を夢中にさせる

ああ、武装部隊に**吸収される**

剣、槍を持った兵士が、銃を持った武装部隊に追いかけられる

A: Oh, I didn't realize you were there.
B: You were completely absorbed in reading.

A: ああ、ここにいたとは気付かなかった。
B: 完全に読書に**夢中になっていた**からね。

関連語句 【名】absorption 吸収、没頭 ● be [get] absorbed in 夢中になる

LEVEL 1

003 accompany
[əkʌ́mpəni]

【他動】〜を伴う、〜を同伴する

あかん、パ二ック、アイツに同行するのは

同行する人に驚かされて仰天する男性

A: Your payment should accompany this application form.
B: All right.

A: お支払いはこの申込用紙と**一緒に**してください。
B: わかりました。

関連語句 【名】accompaniment 伴奏、付属物

004 accord
[əkɔ́ːrd]

【名】調和、合意、協定
【自動】一致する、調和する

あ、こうだねと皆で**一致する**

会議のテーブルでみんなでニコニコとうなずく

A: Good news! We finally reached an accord with A company.
B: Nice job. Our strategy paid off in the end.

A: いいニュースです！とうとうA社と**協定**が成立しました。
B: よくやった。戦略が最後に報われたね。

関連語句 ● reach an accord with ~ 〜と協定が成立する　● in accordance with ~ 〜に従って

005

account
[əkáunt]

【名】預金口座＝ bank account、計算書、勘定書、説明
【自動】説明する

赤(字)うんとある、私の**口座**

通帳を見てがっかりしている表情の女性

A: I'd like to open a savings account.
B: Certainly, ma'am.

A: 普通**預金口座**を開きたいのですが。
B: かしこまりました。

関連語句　【名】accountant 会計士　● account balance（勘定）残高　● Could you let me know my outstanding account balance? 私の未払い残高を教えてくれます？

006

accuse
[əkjúːz]

【他動】(人を)非難する、責める

お灸ずっとすえて**非難する**

若い人にお灸を据えて文句をいう坊さん

A: The company was accused of being environmentally-unfriendly.
B: Big companies like that should take the lead in reducing greenhouse gas emissions.

A: その会社は環境に気を遣わないということで、**非難された**。
B: 彼らのような大企業は、温室効果ガスの削減で主導権を握らねばならない。

関連語句　● the accused 被告　● Why did he testify against the accused? なぜ彼は被告に不利な証言をしたのだろう。

LEVEL 1

007 achievement 【名】業績、達成すること、成果
[ətʃíːvmənt]

一部面倒でしたがみごと**達成**

汗を拭き拭き、握手する2人

A: Her novel was awarded the literature prize.
B: That's certainly a big achievement.

A: 彼女の小説は、文学賞を獲ったよ。
B: それは確かにすごい**業績**だ。

関連語句 【動】achieve 〜を達成する ● We achieved a consensus on the matter. そのことについて合意に達した。

008 acquaintance 【名】知人
[əkwéintəns]

私の**知人**、**悪へ、いんたんす**
（行ったんです）

悪に走った知人をしみじみ思い出す男性

A: Who is that gentleman?
B: Oh, he's an old acquaintance of mine.

A: あの紳士はだれですか？
B: ああ、彼は私の古くからの**知り合い**です。

関連語句 ● mutual acquaintance 共通の知り合い

009 address
[ədrés]

【他動】〜に話しかける
【名】住所

「**あードレス**すてきね」と**話しかける**

ドレスを着た人をほめる人

A: Your turn is next. Are you nervous?
B: Yes, I only have 5 minutes to address the audience.

A: 次、君の番だよ。緊張してる？
B: うん、観客に**演説する**のに5分しかないんだ。

関連語句 ● inaugural address 就任演説

010 advance
[ədvǽns]

【他動】〜を進める
【自動】前進する
【名】前進

あの晩すごく**前進した**

夜に乾杯している人たち

A: Should we advance negotiations with K Company?
B: Sure. Now is the time to act.

A: K社との話し合いを**進めましょうか**。
B: もちろん。今が行動の時です。

関連語句 ● in advance 前もって ● advance payment 前金

LEVEL 1

011 advantage
[ədvǽntidʒ]

【名】有利、好都合
【自動】利益を得る【他動】～を促進する、～に利益をもたらす

あの晩提示した案、**有利**

プレゼンの画面を褒め称える人たち

A: We recommend this model.
B: What are the advantages?

A: このモデルをお勧めします。
B: **利点**は？

関連語句　● take advantage of ~ ～を利用する、～に付け込む（良い意味にも悪い意味にも）　● You should take advantage of your experience. 経験を生かしなさい。

012 afford
[əfɔ́:rd]

【他動】～をする余裕がある、～を購入することができる

アホーども、**余裕ある**のも今のうち

札束を前にして、にやけるチンピラをあざ笑う男

A: Is it possible to extend the deadline?
B: I'm afraid we can't afford to lose any more time.

A: 締め切りを延ばしてもらうことは可能ですか？
B: 悪いですが、もう時間の**余裕があり**ません。

関連語句　【形】affordable 手軽な、無理なく買える　● You can buy house at our affordable prices. お買い得な価格で住宅を購入頂けます。

013

agriculture

[ǽgrikʌ̀ltʃər]

【名】農業

農業に**あぐらかいちゃ**だめ

田んぼの上であぐらをかく人

A: I heard you buy organic fruit and vegetables.
B: Yes. I'm so worried about the overuse of chemicals in agriculture.

A: 君は有機栽培の果物や野菜を買うんだってね。
B: そうさ、僕は**農薬**の使い過ぎを心配しているんだ。

関連語句 【形】agricultural 農業の　● agricultural chemicals 農薬

014

allow

[əláu]

【他動】〜を与える、〜を許可する
【自動】余裕を持たせる、考慮に入れる

ここで足**洗う**の**許します**

足を洗う子どもたちと、見守るお母さん

A: I wonder how long it'll take to get to the station.
B: You should allow an hour or so.

A: 駅までどのくらいかかるかな。
B: 1時間くらい**みておく**といいよ。

関連語句 【名】allowance 容認、手当、小遣い　● I asked my mother to increase my monthly allowance. お母さんにお小遣いを増やしてと頼んだ。

LEVEL 1

015 amaze
[əméiz]

【他動】〜を仰天させる
【自動】びっくりさせる

雨、いずこも止まず**驚嘆させる**

大雨の中、驚いている人

A: What did you think of our presentation?
B: Excellent! I'm amazed how well you've done in such a short period.

A: 私たちの発表、どう思いました？
B: すばらしい！　私はこんな短い期間でうまくやったことに**驚いています**。

関連語句　【名】amazement 驚嘆　● in amazement 驚いて
● I stared at him in amazement. 私は驚いて彼を見つめた。

016 amount
[əmáunt]

【名】量、(金)額、総計
【自動】(合計、総量が〜に)達する

雨うんと降ったけど**総量**は？

大雨の中、女性の問いかけに、さあね、という男性

A: This USB flash memory stick can store huge amounts of data.
B: Great, but be sure to make a backup copy.

A: この USB フラッシュメモリーはものすごい量のデータを蓄積できるんだよ。
B: すごいね、でもバックアップを取っておくことを忘れないで。

関連語句　● net amount 正味金額

017 ancestor
[ǽnsestər] 【名】祖先

汗した苦労の**祖先**

昔の人が汗を流して農業をしている

A: Are you interested in tracing your ancestors?
B: Sure. Aren't you?

A: 祖先をたどってみたいですか？
B: もちろん、あなたは？

関連語句　【反】descendant 子孫

018 anniversary
[æ̀nəvə́ːrsəri] 【名】記念日

兄、バッサリロン毛切った**記念日**

ロン毛をバッサリと切られている男性

A: What shall I get you for our wedding anniversary?
B: Thank God, you remembered this year!

A: ぼくたちの結婚記念日に何を買おうか。
B: まあ、今年は覚えていてくれたのね！

関連語句　●Happy anniversary! 記念日、おめでとう！

LEVEL 1

019 annual
[ǽnjuəl]

【形】1年に1回の、例年の
【名】年報

兄ある人の**毎年の**行事

妹がお兄さんの誕生日を祝っている

A: We recorded a fifty percent jump in annual profits!
B: It seems our advertisement on the Internet has been effective.

A: **年間**収入が50％も伸びたぞ。
B: ネットで宣伝したのが効果的だったのかな。

関連語句 【副】annually 年1回に、年刊で ● This event is held annually. この行事は1年に1回、開かれる。

020 apply
[əplái]

【自動】申し込む、適合する
【他動】～を応用する、～を当てはめる

あぷらい（危ない）仕事に**申し込む**

どきどきした様子で書類を提出する男

A: I've applied to ABC Corporation and now I'm waiting for the result.
B: I'll keep my fingers crossed for you.

A: ABC社に**応募して**、今は結果を待っているところなんだ。
B: 幸運をお祈りしています。

関連語句 ● Check all that apply. 複数回答可。

021

argue
[áːrgjuː]

【自動】議論する、言い争う
【他動】〜だと主張する、論争する

ア―、牛(肉)が食われる！と
言い争う

牛肉をめぐって言い争いをしているふたり

A: I'll not change my opinion under any circumstances.
B: Calm down. This isn't the time to argue.

A: どんな状況でも私は意見を変えません。
B: 落ち着きなさい。今は**言い争う**時ではありません。

関連語句　【名】argument 言い争い

022

arrange
[əréindʒ]

【自動】用意する、手配する
【他動】〜を手配する

おれん家に来る日を**取り決め
てくれ**

カレンダーの前で日時を相談しているふたり

A: Shall I arrange a tour for you?
B: Thanks. I'd appreciate that.

A: 旅行を**手配しましょうか**？
B: ありがとう。感謝します。

関連語句　● arranged marriage 見合い結婚　【名】arrangement 手配、準備
　　　　　● flower arrangement 生け花

LEVEL 1

023 arrest
[ərést]

【他動】〜を逮捕する
【名】逮捕、停止

ここを**荒らすと逮捕する**

荒らされた花壇の前で怒っている警察官

A: Did you hear? Our vice-president has been arrested.
B: Oh, yes. They say he accepted a bribe.

A: 聞いた？副社長が**逮捕された**って。
B: はい。わいろを受け取ったらしい。

関連語句 ● heart arrest 心停止

024 article
[ɑ́:rtikl]

【名】記事、品物

この**記事**を書いた記者に**会ってくる**！

週刊誌の記事を見て、怒った顔で席を立つ男性

A: Look. This article is about my alma mater.
B: Wow! You graduated from Tokyo University?

A: 見て！この**記事**、私の母校についてだよ。
B: ええ！君は東大出身なんだ。

関連語句 ● Article 9 of the Constitution 憲法第9条

025

assess
[əsés]

【他動】～を査定する、～を評価する

汗するほど**査定する**

汗を流しながら、並んでいる宝石を査定する人

A: You look sad. What happened?
B: Specialists assessed the damage of my house and said it's unlivable.

A: 悲しそうだね。何があったの？
B: 専門家が家の被害を**査定した**んだけど、もう住めないって。

関連語句 【名】assessment 査定

026

assistance
[əsístəns]

【名】援助

足擦ったんす、**援助**おねがい

足をすりむいて助けをこう少年

A: Do you need any assistance?
B: Sure! Any help would be appreciated.

A: お手伝い必要ですか？
B: もちろん！どんな**助け**でも有難い。

関連語句 【他動】assist ～を援助する

LEVEL 1

027 assure
[əʃúər]

【他動】～を保証する、～を確信させる

明日は大丈夫！と**保証する**

胸をたたいて、大丈夫という顔をしている女性

A: I'm so nervous about the operation.
B: I assure you that you'll be fine.

A: 手術をするのでとても緊張します。
B: きっと、あなたは**大丈夫ですよ**。

関連語句　【名】assurance 保証　● Let me give you my assurance that she will come back to you. 彼女はあなたの元に帰ると保証します。

028 attach
[ətætʃ]

【他動】～を添付する、～を取り付ける
【自動】付随する

アタチにもその飾り**つけて**！

女性が身につけているきれいな髪飾りをねだる少女

A: I can't open the attached file you sent to me.
B: Sorry, let me send it again.

A: 送ってくれた**添付**ファイルが開けないんだけど。
B: ごめん、もう一度送ってみるよ。

関連語句　【名】attachment 添付書類、取り付け　● See the attachment. 添付書類を見てください。

029

attention
[əténʃən]

【名】注意、注目

あ、テンションがあがる、**注目**で

大勢の注目を感じてテンションが上がっている女性

A: Why is the teacher upset?
B: Nobody seems to pay attention to her.

A: どうして先生は怒っているの？
B: だれも彼女に**注意を払って**ないみたい。

関連語句 【自動・他動】attend 注意を払う、〜に出席する
● ATTN（attention）〜あて（会社あて手紙の冒頭で）

030

authority
[əθɔ́:rəti]

【名】権力、支配権、出典

権力を**恐れて**はいけない

堂々とした態度で社長室のドアを開ける社員

A: Who will perform the operation on my mother?
B: Dr. Kameda. He is an authority on brain surgery.

A: だれが、母の手術をするのですか？
B: 亀田先生です。彼は、脳外科の**権威**です。

関連語句 【他動】authorize 〜に権限を与える、〜を認可する　● Are you authorized to work in this country? あなたには、この国で働く認可が下りていますか？

LEVEL 1

031 avoid
[əvɔ́id]

【他動】〜を避ける

この辺**アブ多いど**、避けてね

アブが多いから通らない方がいいと少女に忠告するひと

A: You mustn't be late for tomorrow's presentation.
B: I know. I'll leave home at 6:00 to avoid the rush hour traffic.

A: あなた、明日のプレゼン、遅れないでね。
B: わかってる。ラッシュアワーを**避ける**ために6時に家を出るよ。

関連語句 【名】avoidance 回避、避けること　● tax avoidance 税逃れ

032 award
[əwɔ́ːrd]

【他動】（賞などを）授与する
【名】賞、賞金

受賞したら**あおうど（と）**、言った

作家志望の男性が、彼女と別れる

A: What movie was awarded an Oscar this year?
B: The Oscar awards ceremony is tomorrow.

A: どの映画が今年はアカデミー賞を**受賞した**の？
B: 授賞式は明日だよ。

関連語句　● win a cash award 賞金を獲る

033

barrel
[bǽrəl]

【名】樽

樽の中身が**バレる**

タルの脇で、シーッというジェスチャーをしている人

A: Who called me "beer barrel"?
B: You should slim down and get even with them.

A: だれが僕のことを「ビール腹」と呼んだ？
B: きみ、痩せて、彼らを見返せばいいよ。

関連語句 ● over a barrel 人の言いなりになって ● Poor Sakamoto. The section chief has him over a barrel. 坂本さん、お気の毒。課長の言いなりになってるよ。

034

battery
[bǽtəri]

【名】電池、バッテリー（投手と捕手）

電池が**バッタリ**切れた

携帯電話の充電切れで嘆いている男性

A: My wrist watch seems to be broken.
B: Let me see. I think it just needs a new battery.

A: 腕時計が壊れたみたいだ。
B: ちょっと見せて。電池交換すればいいと思うよ。

関連語句 ● a battery of ~ 一連の〜、大勢の〜 ● He passed a battery of physical tests before making the team. チームに入る前に彼は一連の体力テストに合格した。

LEVEL 1

035 blame
[bléim]

【名】非難、責任
【他動】〜を非難する

無礼もの！と**非難する**

チャラ男を怒っているおじさん

A: Don't blame me for your mistake!
B: I made no mistake. You did.

A: あなたの間違いを私の**せいにする**のはやめてください！
B: 私は何も間違えていない。あなたが間違えたんです。

関連語句　● I am to blame. 私が悪いのです。

036 boast
[bóust]

【自動】自慢する
【他動】〜を誇りにする
【名】自慢話

帽子と靴、**自慢する**彼

派手な帽子と靴を身につけた男

A: I don't want to talk with him.
B: Me either. He always boasts about how clever he is.

A: 彼と話したくない。
B: 私も。いつもいかに自分が賢いかって**自慢する**からね！

関連語句　【形】boastful 自慢好きの　● She is a boastful person. 彼女は自慢ばかりだ。

037

bond
[bá:nd]

【名】きずな、契り
【自動】（接着剤などで）付着する
【他動】〜を接着させる

きずながし**ぼんだ**

しぼみ始めた恋人同士のきずな

A: Let's enhance our business partnership.
B: Sure. Our strong bond will remain.

A: われわれの提携関係を強化していきましょう。
B: もちろん。つよいきずなは存続させましょう。

関連語句 ● My word is as good as my bond. 武士に二言はない。

038

brilliant
[bríljənt]

【形】キラキラ光る、華々しい

「久し**振りりゃん**」と会った彼は**華々しい**！

かっこよくなった友人に感心している人

A: The witch turned Cinderella into a brilliant lady.
B: I wish she could turn me into a princess.

A: 魔法使いはシンデレラを見事な淑女にしましたとさ。
B: その魔法使い、私のこともお姫様にしてくれないかな。

関連語句 ● brilliant cut 宝石のブリリアント・カット（宝石が最も美しく輝くとされているカット方式）

LEVEL 1

039 budget
[bʌ́dʒət]

【名】予算、家計【形】予算の
【自動】予算を立てる
【他動】～を予算に計上する

バジッと決まった**予算**

書類にばしっと手を置く社員

A: I'd like to buy a nice engagement ring.
B: What's your budget?

A: よい婚約指輪を買いたいのですが。
B: ご**予算**はどのくらいでしょうか？

関連語句 ● within budget（限られた）予算内で ● We need to develop new products within our budget. われわれは新製品を予算内で開発しなくてはならない。

040 burden
[bə́ːrdn]

【名】重荷、荷物、負担、義務
【他動】～に負担させる

頑張れ**ばーどん**な**重荷**も

重い荷物を背負っていく人

A: I can't bear this burden alone anymore.
B: You should've asked someone for help.

A: この**重荷**をもうこれ以上一人で負担できません。
B: 誰かに助けを求めれば良かったのに。

関連語句 【形】burdened 重荷を課せられた ● The company is burdened with bad loans. その会社は不良債権で困難に陥っている。

041

bury
[béri]

【他動】土中に~を埋める、（遺体）を埋葬する

河**べり**に**埋葬する**

川縁でお祈りする人

A: If I die, don't bury me. Scatter my ashes in the sea.
B: I'll remember that.

A: もし、私が死んだら、**埋葬し**ないで、遺骨を海にまいてね。
B: 覚えておくよ。

関連語句 ● bury the hatchet（斧を埋める）争いをやめる　● I think it's time to bury the hatchet. もうけんかはやめましょう。

042

calculate
[kǽlkjəlèit]

【他動】~を計算する、~を見積もる

軽くレートを**計算する**

鼻歌を歌いながら計算機を使う人

A: I'd like to send this gift to the United States.
B: All right. Let me calculate the shipping and handling cost for you.

A: このプレゼントをアメリカに送りたいのですが。
B: わかりました。発送手数料を**計算します**。

関連語句【形】calculating 計算高い　● He is a calculating person. 彼は計算高い男だ。

LEVEL 1

043 campaign
[kæmpéin]

【名】組織的運動、選挙運動、遊説
【自動】選挙運動をする

カンペいんつも見ながら**選挙遊説**

カンペをチラ見し、街頭演説する立候補者

A: Have we seen an increase in sales since the ad campaign?
B: Not yet, but we expect a 10 percent increase by next March.

A: 広告**キャンペーン**のあと、売り上げは伸びましたか？
B: まだですが、次の3月までに10パーセントは伸びることを期待しています。

関連語句 ● smear campaign 中傷合戦　● The company became the target of a smear campaign. その会社は中傷合戦の的になった。

044 capacity
[kəpǽsəti]

【名】定員、生産能力、知的能力

キャップはして**容量**計って

キャップを外したまま容量を計ろうとしている人にひと言

A: Can you tell me the seating capacity of the hall?
B: It's 600.

A: このホールの**座席定員**を教えてもらえますか？
B: 600人です。

関連語句【形】capable 能力のある　● be capable of ~ 〜できる（良い意味にも悪い意味にも使われる）

045

career
[kəríər]

【名】(専門的) 職業、経歴

刈り上げつづけた理容師の
経歴

刈り上げの理容師が表彰されている

A: It's hard to balance a career and child-raising.
B: Yes, especially for women.

A: 仕事と育児のバランスって難しいね。
B: はい、特に女性には。

関連語句 ● career education キャリア教育 ● career-long education 生涯教育

046

casual
[kǽʒuəl]

【形】偶然の、不用意な

数ある中から**偶然な**発見

四つ葉のクローバーをみつけ喜ぶ少女

A: I don't know why Lisa left me.
B: I think your casual remarks sometimes hurt her.

A: どうしてリサが私を残して出て行ったのかわからない。
B: 君の**不用意な**発言が時々彼女を傷つけたのだと思うよ。

関連語句 ● casual Friday 普段着で出社できる日

LEVEL 1

047

charge
[tʃɑ́:rdʒ]

【他動】(料金を) 請求する
【自動】料金を請求する
【名】手数料

お**茶事**にかかった費用**請求する**

茶時の請求書を差し出す女性

A: How much would you charge for babysitting my child?
B: Just 1,000 yen for an hour.

A: ベビーシッター**代**はいくらですか？
B: 1時間たったの 1,000 円です。

関連語句 ● free of charge ただで　● in charge of ~ ～の担当で

048

charity
[tʃérəti]

【名】慈善行為、慈善金

チャリ提供し**慈善活動**

自転車を差し出す人と、お礼を言う人

A: I donated my piggy bank to charity.
B: You are a good boy!

A: ぼく貯金箱のお金**チャリティー**に募金したんだ。
B: いい子ね！

関連語句　【形】charitable 慈善深い　● She donated her fortune to a charitable organization. 彼女は財産を慈善団体に寄付しました。

049

cheat
[tʃíːt]

【自動】不正をする
【他動】〜をだます
【名】カンニング、不正行為

ちーとばかり**カンニングする**

隣の答案をちらっと見る人

A: Anyone who cheated during the test will be severely punished.
B: I know. Cheating doesn't pay.

A: 試験中**カンニングした**人は厳しく罰せられます。
B: わかります。カンニングなんて割に合いません。

関連語句 ● I'll never cheat on my wife. 私は決して妻を裏切らない（浮気しない）。

050

check
[tʃék]

【名】点検、勘定書、小切手
【自動】調べる
【他動】〜を抑制する、〜を確認する

ちぇっ、来る時は**小切手**持ってこいだって

口をとがらせて、店を出る人　吹き出しの中に小切手

A: Do you accept personal checks?
B: Sorry, we only accept cash.

A: **小切手**は使えますか？
B: すみません、現金のみです。

関連語句 ● rain check 雨天引換券、後で招待を受ける約束
● Can I take a rain check? また誘ってくれる？

LEVEL 1

051 client
[kláiənt]
【名】顧客、相談者、依頼人

相談者の**暗い案と**向かい合う

暗い相談者と向き合う男性

A: How many clients am I going to meet this afternoon?
B: Just a couple.

A: 午後は何人の**顧客**と会うことになっていますか？
B: 二人だけです。

関連語句 【名】clientele（集合的）常連客、訴訟依頼人

052 close
[klóus]（形）[klóuz]（動）
【形】接近した　親しい（発音注意）
【自動】閉じる、閉まる
【他動】〜を閉鎖する

苦労するよ、**接近してる**
蚊には

酔っぱらった男性に次々に襲いかかるたくさんの蚊

A: I thought we would clinch the victory.
B: Yeah, that was a close game.

A: 勝利を手にすることができると思ったのに。
B: うん、あれは**接戦**だったね。

関連語句 ● close game 接戦　● We lost a close game. 接戦で負けた。

053 committee
[kəmíti]

【名】委員会、委員

委員会出ている間、**子、みってぃー**

スーツ姿の女性が、子どもを知人に預けている

A: Would you please attend the committee in my place?
B: What do you mean? You're going to chair it.

A: 私の代わりに**会議**に出席してくれますか？
B: どういうことですか？あなたが議長ではないですか？

関連語句 ● committee chairman 委員長

054 common
[káːmən]

【形】普通の、普及している

普通の部活の**顧問**

卒業写真で相撲部員の中にいる男性教師

↳ 顧問の先生

A: You put sauce on tempura?
B: That's common practice around here.

A: 天ぷらにソースをかけるのですか？
B: ここら辺では、そうするのが**普通**だよ。

関連語句 ● in common 共通の、共同の ● We have a lot in common. 私たちはたくさん共通点がある。

LEVEL 1

055

compete
[kəmpíːt]

【自動】競争する、匹敵する

金平糖食い**競争する**！

金平糖の早食い競争

A: Japan is competing with Korea in the final.
B: They are tough to beat.

A: 日本は、決勝戦で韓国と**戦う**よ。
B: 相手は強敵だね。

関連語句 【名】competition 競争

056

concentrate
[káːnsəntrèit]

【自・他動】集中する（させる）

この**混戦撮れー、と集中する**

サッカーの試合を真剣に撮影するカメラマン

A: Can you turn the music down a bit? I can't concentrate.
B: Oh, sorry.

A: すこし音楽のボリュームを下げてくれる？ **集中でき**ないよ。
B: あ、ごめんなさい。

関連語句 【名】concentration 集中

057

concern
[kənsə́:rn]

【他動】〜を心配させる、〜に関係する
【名】関心事

新**婚さーん**いないと**心配する**

新婚さんを探している桂三枝

A: Don't work too hard. I'm concerned about your health.
B: There's no need to worry. I'm OK.

A: あまり働きすぎないで。あなたの健康が**心配**です。
B: 心配することはないよ。僕は大丈夫。

関連語句 ● It's not my concern. 私には関係のないことです。

058

contain
[kəntéin]

【他動】〜を含む、（場所などが人々などを）収容する

根底に含んでいる意味は？

「大切な友達よ」と言う女性に、しょげている男性

A: This fruit juice contains a lot of vitamin C and calcium.
B: And it tastes great.

A: このフルーツジュースは、たくさんのビタミンCとカルシウムを**含んでいる**よ。
B: それにおいしい。

関連語句 【名】container 容器、輸送コンテナ

LEVEL 1

059 convince
[kənvíns]

【他動】~を確信させる、~を納得させる

勘弁するかと**納得させる**

土下座して謝る男性に満足げな顔の女性

A: On the phone, he convinced me that he was my son.
B: Those petty scammers are good at disguising their voices.

A: 彼は私の息子だって**確信させた**んです！
B: ああいったチンピラは声を変えるのが得意なんですよ。

関連語句 【形】convinced 確信して ● I'm convinced of his innocence. 私は彼の無実を確信しています。

060 correct
[kərékt]

【他動】(誤りなどを)訂正する
【形】正確な

これ、**句読**点、**訂正して**

作文を先生から渡される子ども

A: Could you correct my English composition?
B: Sure. Let me have a look.

A: 私の英語の作文を**直して**もらえますか？
B: いいですよ。見せてください。

関連語句 【名】correction 訂正

061

cough
[kɔ́f]

【自動】咳をする
【名】咳

興奮して**咳をする**

東京タワーを見て興奮のあまり咳をしている人

A: What seems to be the problem?
B: I can't stop coughing.

A: いかがなさいましたか？
B: 咳が止まらないのです。

関連語句 ● cough medicine 咳止め薬

062

county
[káunti]

【名】郡（アメリカ）、州（イギリス）

買うんて**ぃー**、**郡**まるごと！

アメリカ地図の真ん中で札束を広げる男

A: What's a county in America?
B: Well, it's a local government below the state level.

A: 郡って何？
B: まあ、州のもとでの地方自治体みたいなものです。

関連語句 ● *The Bridges of Madison County*（映画）『マディソン郡の橋』（米 1995 監督クリント・イーストウッド）

LEVEL 1

063 court
[kɔ́ːrt] 【名】裁判所

こうと決めたら**裁判所**で争うぞ！

裁判所の前でいがみ合うふたり

A: Are you going to sue him or do you want to settle out of court?
B: Give me a few more days to decide.

A: 彼を訴えるのですか、それとも**示談で**済ませたいのですか？
B: あと2、3日考えさせてください。

関連語句　● The District Court 地方裁判所　● The High Court 高等裁判所　● The Supreme Court 最高裁判所

064 crash
[kræʃ]
【名】暴落、破壊
【自動】衝突する、墜落する
【他動】〜をつぶす、〜に衝突させる

株の**暴落**で、**暮らし**はつらい

株の暴落で、カップラーメンをすする男性

A: You look depressed.
B: The market crash made my stocks worthless.

A: 落ち込んでいるみたいだね。
B: 相場の**下落**で私の株の価値が無くなったんだ。

関連語句　● crash course 短期集中コース　● crash diet 短期ダイエットコース

33

065 credit
[krédit]

【名】称賛、信用
【他動】〜を信用する

信用して**くれ、ジッと**待つから

自分を指差し、信用を得ようとする人

A: Your performance was wonderful!
B: The credit goes to the director and other staff.

A: あなたの演技はすばらしかった！
B: 監督や他のスタッフの**功績**ですよ。

関連語句　●credit buying 信用買い、掛け売り

066 crew
[krú:]

【名】乗組員

乗組員がやって**来る**ー

港に入った船と、それを見ているクルー

A: Did the crew members receive the iceberg warning?
B: Yes, but they were too busy to pay attention to it.

A: **乗組員**は氷山があると警告を受けていたのだろうか？
B: ええ、でも彼らはあまりに忙しくてそれに注意を払えなかったのです。

関連語句　●crew cut 角刈り

LEVEL 1

067 criminal
[krímənl]

【名】犯罪者
【形】犯罪の、刑事上の

栗(の)実なる頃、現れる**犯罪者**

栗が実っている木のそばでたくらんでいる悪人顔の男

A: The police started door-to-door checks to find the criminal.
B: That's a good move.

A: 警察は**犯罪者**を捕まえるためしらみつぶしの捜査を始めた。
B: 良い動きだね。

関連語句 ● criminal court 刑事裁判所

068 crisis
[kráisis]

【名】危機

暗い室内が**危機**に！

暗い室内で、パニックに陥っている人

A: In this economic crisis, we should just stay home.
B: You promised to take me to Okinawa this year!

A: この経済**危機**のなか、家にいるしかない。
B: 今年は沖縄に連れて行ってくれるって言ったじゃない！

関連語句 ● mid (middle)-life crisis 中年の危機
● crises 〔kráisi:z〕(複数形) 危機

069 critical

[krítikl]

【形】重大な、批判的な

「**栗って狩る**もの、拾うもの？」
それは**重大な**問題だ！

栗拾いの親子、鎌をもって刈る父と地面の栗を拾う子供

A: Your husband remains in critical condition.
B: Doctor, please help him!

A: あなたのご主人は、**重篤な**状態にあります。
B: 先生、どうか彼を助けてください！

関連語句　● He is critical of his collegues. 彼は同僚に対して批判的だ。

070 criticism

[krítəsìzm]

【名】批判

暮れて沈む太陽**批判**？

沈みゆく太陽に文句を言う人

A: Why is the president under criticism?
B: There's been no progress in his structural reform policy.

A: なぜ社長は**批判**を受けているの？
B: 構造改革がちっとも進まないからさ。

関連語句　【自・他動】criticize ～を批判する、～を非難する　● You shouldn't criticize others without reason. むやみに他人を非難しないほうがいい。

071

crop
[krá:p]

【名】作物、群れ

黒っぽい作物

黒っぽい作物を見て驚く農家のおじさん

A: This year's drought caused severe crop losses.
B: Let's hope it doesn't happen again next year.

A: 今年の干ばつは深刻な**作物**の損失につながってしまった。
B: 来年はそうならないよう祈ろう。

関連語句 ● the cream of the crop 選りすぐった人物、最優秀者

072

current
[kə́:rənt]

【形】現在の

今の彼んとこにいく

昔の彼に別れを告げ、新しい彼にぞっこんの女性

A: What will happen if global warming continues at the current rate?
B: They say glaciers will have melted in 50 years or so.

A: もし温暖化が**今の**早さで続いたらどうなるの？
B: 氷河が50年くらいでとけてしまうって聞いたよ。

関連語句 ● current account 経常収支

073

decade
[dékeid]

【名】10年間

10年たった木は**でっけえど**！

でかい木

A: Do you have experience in this industry?
B: Yes, I've been in the printing business for a decade.

A: この業界で経験はありますか？
B: はい、印刷業には**10年**従事しています。

関連語句 ● half a decade ago 5年前

074

decay
[dikéi]

【名】腐食、腐敗
【自動】腐敗する、崩壊する
【他動】〜を腐らせる

でっけい、この**腐食**！

患者の大きな穴のあいた歯に驚く歯科医

A: This stone wall has been badly decayed.
B: Yes. It has to be replaced.

A: この石壁はひどく**ぼろぼろになった**ね。
B: 取り替えなければならないね。

関連語句 【形】decayed 腐った ● I think I have a decayed tooth. 虫歯があるみたい。

LEVEL 1

075 degree
[digríː]

【名】度、程度、学位

どの**程度**か測っ**で（て）ぐれー**

保健師さんにおなか周りを計ってもらっているでっぷりとした男性

A: I have a bachelor's degree.
B: We need someone with a master's degree.

A: 僕は学士号を持っています。
B: 修士号を持っている人を探しているんですよ。

関連語句 ● to some degree ある程度まで　● bachelor's degree 学士号
● masters degree 修士号

076 deliver
[dilívər]

【他動】〜を配達する、（伝言などを）伝える
【自動】配達する、出産する

日**照りば**ーかりでも**配達する**

カンカン照りの太陽のもと汗だくの郵便配達員

A: Have you finished printing the work manual?
B: Yes, I've already delivered it to the new employees.

A: 仕事のマニュアルを印刷し終えましたか？
B: はい、もう新入社員に**配り**終えました。

関連語句　【名】delivery 配達、出産、話し方

077

demand
[dimǽnd]

【他動】〜を要求する
【名】要求すること

出窓を開けよと**強く要求**

出窓を指差し、指図する男

A: They will demand compensation for the damage.
B: That can't be helped.

A: 彼らは損害の賠償を**求める**だろう。
B: 仕方ないね。

関連語句 【形】demanding 要求が多い、仕事がきつい

078

democracy
[dimá:krəsi]

【名】民主主義　民主主義国家

民主主義でも暮らしどうなる？

民主主義のタスキをかけた候補者の街頭演説を聴く人々

A: Shall we decide by a majority vote?
B: Good idea. That's the basis for democracy.

A: 多数決で決めましょうか？
B: 良いアイデアですね。それが**民主主義**の基本です。

関連語句 【自・他動】democratize 民主的になる、〜を民主的にする

LEVEL 1

079 deny
[dinái]

【他動】～を否定する、～を拒絶する

そう**でない**と**否定する**

ダンスのレッスン中、大きく首を横に振る指導者

A: I was denied a loan.
B: That's reality.

A: ローンを**断られて**しまった。
B: それが現実さ。

関連語句 ● She decided to deny herself any pleasure until she passes the bar exam. 彼女は司法試験に受かるまで楽しいことを自分に与えないことを決意した。

080 detail
[dí:teil]

【名】詳細、細部
【他動】～を詳しく述べる

詳細がここに**出ている**

細かい細則が載っている紙を差し出す人

A: What shall I do next?
B: Refer to the manual for details.

A: 次はどうすればよいのかな？
B: **詳細**はマニュアルを見なさい。

関連語句 ● in detail 詳しく ● Could you describe the product in detail? 商品を詳細に説明してもらえますか？

081

determine
[ditə́:rmən]

【他動】～を決心する、～を決定する
【自動】決意する

会議に**出たーみん**なで**決意する**

会議に出た後、決意表明する人々

A: I'm determined to run for Congress.
B: I'll do what I can to support you.

A: 議会に立候補することに**決めた**よ。
B: 君を支えるためにできるだけのことをするよ。

関連語句 【名】determination 決意、決定　● He has a strong determination to become a police officer. 彼は警官になると固く決意している。

082

device
[diváis]

【名】装置、発明品

この**発明品**みごと**で倍す**る値段

他の発明品と比べ、倍の値がする TOEIC 練習マシン

A: What does this device do?
B: It lights up when a person approaches the entrance.

A: この**装置**で何ができるのですか？
B: 人が玄関に近づくと光るんです。

関連語句　● antitheft device 盗難防止装置

LEVEL 1

083 director
[dəréktər]

【名】監督、指導者

誰？くたーびれてる**監督**は

ダッグアウトで疲れた様子の中年監督

A: The actor was nominated for best director.
B: He was also nominated for best actor.

A: その俳優は最優秀**監督**賞にノミネートされた。
B: 彼は最優秀俳優賞にもノミネートされているよ。

関連語句 ● director and actor 俳優兼監督

084 earn
[ə́:rn]

【他動】〜を得る

あーんなに**稼ぐ**人がいる

お金持ちをうらやましそうに見る男性

A: With the invention, he earned world-wide fame.
B: And a lot of money, too.

A: その発明で、彼は世界的な名声を**得た**。
B: そして多額なお金もね。

関連語句 ● earn a living 生計を立てる

085

edge
[édʒ]

【名】有利な状況、端、境界

ええ、実は、有利です

窓口で金融商品を勧める銀行員

A: As he is a returnee, he has an edge over the others in the English class.
B: That's right, but he's having a hard time learning kanji.

A: 彼は帰国子女なので、英語の授業では**有利な状況**です。
B: そうですね、でも漢字を学ぶのに苦労しています。

関連語句 ● on the cutting edge of ~ ～の最前線で ● Those models are on the cutting edge of fashion. そのモデル達はファッションの最前線にいます。

086

efficient
[ifíʃənt]

【形】効率的な、効果的な

えー必死やん、と取り組めば**効率的だ**

勉強に励む受験生

A: Isn't it time to buy a new refrigerator?
B: Yeah, let's get an energy-efficient one this time.

A: 新しい冷蔵庫を買う時期に来てない？
B: そうだね、今度は**省エネタイプ**の冷蔵庫を買おう。

関連語句 【名】efficiency 効率性、性能

LEVEL 1

087 emerge
[imə́:rdʒ]

【自動】浮かび上がる、出現する

今一自分で浮かび上がる

プールで潜水している子どもたち

A: It seems we've finally emerged from the recession.
B: I don't know. We're not out of the woods yet.

A: とうとう不景気から**抜け出した**みたいだね。
B: どうでしょうか。まだ完全に抜け出したとは言えません。

関連語句 ● emerging nations 新興国家

088 emergency
[imə́:rdʒənsi]

【名】緊急事態、突発事故

今、雀荘で緊急事態！

雀荘で非常ベルが鳴り、あわてふためく4人

A: In case of emergency, call me on my cell-phone.
B: Sure. Don't forget to turn it on.

A: **緊急**時には、私の携帯に電話してください。
B: もちろん。スイッチを入れておくことを忘れないでください。

関連語句 ● emergency brake サイドブレーキ（サイドブレーキは和製英語）

089

enable
[inéibl]

【他動】〜を可能にする

いいねーブルマ、楽な動きを
可能にするよ

ブルマー姿でリレーをする小学生

A: Hybrid cars enable you to cut down on air pollution.
B: Definitely. It can make a difference.

A: ハイブリッド車は大気汚染を減らすことが**できる**よ。
B: その通り。かなり差が出るよ。

関連語句 【形】enabled 使用可能な　●call-enabled area 通話可能なエリア

090

encounter
[inkáuntər]

【他動】〜に出会う、〜に直面する
【名】出会い、遭遇

演歌うんとーうまい人に
出会う

演歌に聞き惚れる人

A: I encountered discrimination when I traveled around Europe.
B: You had a bitter experience.

A: ヨーロッパを旅して回ったとき、差別に**遭った**よ。
B: 辛い経験をしたね。

関連語句　● *Close Encounters of the Third Kind*（映画）『未知との遭遇』（米 1977、監督スティーブン・スピルバーグ）

LEVEL 1

091 encourage
[inkə́:ridʒ]

【他動】~を勇気づける、~を励ます

演歌理事を**勇気づける**

理事を元気づけようと、演歌歌手を招いての社内宴会

A: My son has stopped studying since he failed the entrance exam.
B: How can I encourage him?

A: 息子は入試に失敗してから落ち込んでいるんだ。
B: どうやって**励まそう**かな。

関連語句 【名】encouragement 激励、奨励 ● export encouragement 輸出奨励 ● saving encouragement 貯蓄奨励

092 engage
[ingéidʒ]

【他動】~を従事させる、~を参加させる
【自動】従事する、約束する

園芸従事する

松を剪定する人

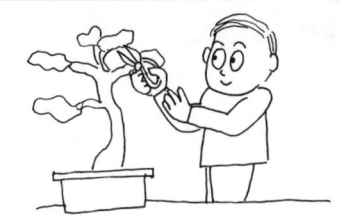

A: My daughter is engaged to her childhood sweetheart.
B: Congratulations!

A: 娘が幼なじみと**婚約した**んです。
B: おめでとう!

関連語句 【名】engagement 従事、婚約、約束 ● I have a prior engagemen scheduled. 先約があります。

093

environment 【名】環境、情勢
[inváiərnmənt]

煙煤（えんばい）路面と屋根に
降るひどい**環境**

道路にも屋根にもつもる黒い煙煤

A: What can I do to protect the environment?
B: How about using an eco-friendly shopping bag?

A: 環境を守るため私に何ができますか？
B: エコバッグを使うっていうのはどう？

関連語句　【形】environmental 環境の、環境保護に関する　● It's important to promote environmental education. 環境教育を促進させることは重要です。

094

envy
[énvi]
【他動】（人や人の物を）うらやむ、嫉妬する【名】嫉妬

燕尾服うらやむ

燕尾服を着こなす男性をうらやむ人

A: We'll visit Hawaii for the holidays.
B: How I envy you!

A: 休暇にハワイに行くんだ。
B: うらやましく思うよ！

関連語句　【形】envious うらやんで　● The two step sisters were envious of Cinderella's beauty. 二人の義理の姉はシンデレラの美しさに嫉妬した。

095

establish
[istǽbliʃ]

【他動】〜を確立する、〜を設置する

椅子多分立春には**設置する**

教室で椅子が揃う日付を確認する先生

A: The safety of the product must be established before anything else.
B: You can say that again.

A: 製品の安全性はまず何より先に**確立され**なければならない。
B: おっしゃるとおりです。

関連語句 【名】establishment 設立すること、組織、施設、権力層 ● He criticized the establishment. 彼は、上層部を批判した。

096

estate
[istéit]

【名】不動産、土地、財産

ええっす抵当に入れても、**土地、財産**

銀行員に、土地権利書を預ける人

A: How long have you been in the real estate business?
B: I've been in this business for over 30 years.

A: **不動産**業にはどのくらい従事しているのですか？
B: この業界は 30 年を超えました。

関連語句 ● Fourth (fourth) Estate (estate) ジャーナリズム、言論界

097

estimate
[éstəmèit]

【名】見積もり
【自動】見積もる、評価する
【他動】〜の価値を評価する

エステ、姪といくらなのか**見積もる**

エステの広告を見る叔母と姪

A: Give me the rough estimate of the cost.
B: Let me see … . Around 500 thousand yen.

A: 価格の大体の**見積もり**を教えてください。
B: えっとですね…。約50万円です。

関連語句 【名】estimation 見積もり、評価　● What's your estimation? あなたの評価（見積もり）を教えてください。

098

examine
[igzǽmən]

【他動】〜を検査する、〜を観察する

いぐさみんなで念入りに**検査する**

い草を念入りにチェックする人々

A: I can't get her out of my mind.
B: Still now!? You should have your head examined, Bob.

A: 彼女を忘れられないんだ。
B: 未だに？　頭を**検査して**もらった方がいいよ、ボブ。

関連語句　【名】examination 試験、検査　【名】exam 試験・検査

LEVEL 1

099 expand
[ikspǽnd]

【他動】（規模を）拡張する
【自動】（規模が）大きくなる

いくす（つ）パンダの**規模広げます**？

動物園のおりの前で、相談する飼育員

A: Are you thinking of expanding your business overseas?
B: Sure thing. Starting with China.

A: ビジネスを海外に**拡げる**ことを考えていますか？
B: 当然です。中国から始めます。

関連語句　【名】expansion　● Let's hope for sound economic expansion. 経済が健全に拡大していくことを望もう。

100 expert
[ékspə:rt]

【名】専門家
【形】熟練した

一句スパーっとひねり出す**専門家**

短冊にさらさらと俳句を書く人

← 俳人

A: Do you know someone who can edit my English speech?
B: Ask Keiko. She is an expert.

A: 私の英語スピーチを校正してくれる人を知っていますか？
B: 恵子に頼みなさい。彼女は**専門家**だよ。

関連語句　● expert in ~ing ～の名人　● He is an expert in making money. 彼は金もうけの達人です。

101

expose
[ikspóuz]

【他動】～をさらす、～を暴露する

いくつ？ポーズとって**さらけ出す**歳？

ポーズをとってる薄着のおばさん

A: How can we prevent exposing minors to the Internet dangers?
B: There's a limit to what we can do.

A: 未成年をインターネットの危険に**さらされ**ないようにするにはどうしたらよいでしょう。
B: 我々にできることには限界がある。

関連語句 ● expose someone's misdeeds （人の）悪事を暴く

102

feature
[fíːtʃər]

【名】特徴、顔立ち、特集記事
【自動】主役を演じる
【他動】～を特集する

彼の**特徴**、すぐ風邪**ひいちゃー**う

風邪ひいてマスク姿の男性

A: Do you remember the suspect's features?
B: No, it was too dark to see.

A: 容疑者の**顔立ち**を覚えていますか？
B: いいえ、暗すぎて見えませんでした。

関連語句 【形】featured 主演の　● Who is the featured actor? 主演俳優はだれ？

LEVEL 1

103 fee
[fíː]

【名】料金、入学(会)金、授業料

入会費(ふぃ)はいくら？

スポーツクラブのカウンターに来た入会希望の男性客

A: What is the fee for this language course?
B: Please take a look at this price list.

A: この外国語コースの**料金**はいくらですか？
B: この料金表をご覧ください。

関連語句 ● parking fee 駐車料 ● subscription fee 購読料 ● medical service fee 治療費 ● admission fee 入場料

104 finance
[fáinæns]

【名】財務、会計、経営状態
【他動】〜に資金を提供する

灰(色)なんす、経営状況

傾いた会社と疲れた様子の社長

A: We must ask for additional finances.
B: I wonder if the bank will say yes.

A: さらに**資金**調達しなくては。
B: 銀行が、首を縦に振るかどうか。

関連語句 【副】financially 財政的に ● This company is financially healthy. この会社は財政的に健全である。

105

forecast
[fɔ́ːrkæst]

【名】予想、天気予報
【自動】予見する
【他動】〜を予想する、〜を予報する

天気**予報はかすって**もない大ハズレ

おひさまのもと雨具一式身につけた女性

A: The weather forecast was off the mark.
B: You should take an umbrella with you during the rainy season.

A: 天気**予報**は完全に外れた。
B: 梅雨期は傘を持っていたほうがいいよ。

関連語句 ● My forecast was right. 私の見込みが当たった。

106

fortune
[fɔ́ːrtʃən]

【名】運勢、運、財産

訪中して**財産**つくる

国旗を持って待つ中国人に迎えられるビジネスマン

A: What's your hobby?
B: I'm into fortune-telling.

A: 君の趣味は何？
B: 私は、**運勢**判断にはまってます。

関連語句 【形】fortunate 幸運な ● You should consider yourself fortunate to have such gentle parents. 君はあんなに優しい両親がいて、幸せ者だと思った方がいい。

LEVEL 1

107 foundation
[faundéiʃən]

【名】財団、根拠、設立

あなたはこの**財団**の**ファンでーしょん**？

日本ヨット振興会の建物にいそいそと入ろうとする人にひと言

A: Kathy established a foundation to help needy children.
B: Yes, she invested her inheritance for it.

A: キャシーは、恵まれない子ども達を助けるための**財団**を設立したよ。
B: はい、彼女、そのために相続財産をつぎ込んだんですよ。

関連語句 【他動】found ～を設立する

108 fuel
[fjú:əl]

【名】燃料
【自動】燃料を得る
【他動】～に燃料を供給する

燃料が**ふえる**

給油中、ガソリンメーターが上がるのを見て喜ぶドライバー

A: Wow! Your new car is gorgeous.
B: Yeah, but it consumes a lot of fuel.

A: ヘー！君の車、豪華だね。
B: うん、でもたくさん**燃料**を食うんだ。

関連語句 ● add fuel to the fire 火に油を注ぐ

109

fund
[fʌ́nd]

【他動】〜に資金を出す
【名】貯え、資金

ファン、どーぞと**資金**提供

売れないスターに資金を提供する熱狂的ファン

A: This event will be partially funded by the city, but we are still underfunded.
B: Let's ask for donations on the Internet.

A: このイベントは市の**援助がある**けど、それでも資金不足だよ。
B: インターネットで寄付を募ろうか。

関連語句 ● fund-raising 資金調達 ● Our biggest concern is fund-raising. われわれの最大の心配事は資金調達です。

110

grant
[grǽnt]

【名】助成金【他動】（嘆願などを）許可する

交付金いくらか当てて**ごらん**と聞く

交付金の入った封筒を、見せつける人

A: I've got a research grant.
B: Good for you.

A: **研究費**をゲットしたよ。
B: それはよかったね。

関連語句 ● grant aid 無償援助

LEVEL 1

111 harmful
[háːrmfl]

【形】有害な

有害なハム古すぎ

賞味期限をとっくに過ぎたハムを手にして顔をしかめる女性

A: Do you still smoke? It's harmful.
B: I know. How many times have I tried to quit.

A: まだたばこ吸ってるの？**有害な**のに。
B: わかってるよ。もう何度やめようとしたことか…

関連語句　【名】harm 害　● No harm done. 異常なし　【反】harmless 害のない　● Don't worry. It's a harmless snake. 大丈夫、その蛇は無害だよ。

112 heal
[híːl]

【他動】～を癒す、～を治す
【自動】癒える、治す

昼までに**治す**

風邪気味で9時になってもベッドに寝たまま時計を指さす人

A: Looks like he lost his love again.
B: Don't worry. His hurt feelings will be healed in no time.

A: 彼また失恋したみたい。
B: 心配ないよ。彼の傷心はすぐに**癒える**んだ。

関連語句　● Physician, heal thyself! 医者の不養生

113

hesitate
[hézətèit]

【自動】ためらう、口ごもる

へー、実弟と住むの**ためらう**の？

弟のいびきがうるさくて眠れないという兄

A: Thanks for the good advice. May I call you again?
B: Don't hesitate to call us anytime.

A: 助言をありがとうございます。また電話していいですか。
B: どうぞ**気兼ね**なくいつでも電話してください。

関連語句 【形】hesitant ためらう、煮え切らない ● I'm hesitant about signing the contract. 契約にサインするのをためらっている。

114

immediately
[imí:diətli]

【副】直ちに

今ー出ぇーとりますが**直ちに**もどります

すまなそうな表情のおじいさんがお客さんにひと言

A: I've been feeling sick since this morning.
B: Too bad. You should go to the doctor's office immediately.

A: 今朝から気分がわるいんだ。
B: それは大変、**すぐ**医務室に行きなさいよ。

関連語句 【形】immediate 早速の、即座の、じかの ● What was the immediate cause of his death? 彼の直接の死因はなんですか？

LEVEL 1

115 include
[inklú:d]

【他動】～を含む、～を算入する

新**人来るーと**、仲間に**含めて**ね

初々しい新人を迎える人々

A: Does this bill include a service charge?
B: Yes, ma'am.

A: このお勘定にサービス税は**含ま**れていますか？
B: はい、さようでございます。

関連語句 【類】contain（一定の枠内に）含む ● Ice cream contains a lot of fat. アイスクリームは多量の脂肪を含んでいる。

116 innocent
[ínəsənt]

【形】無罪の、無邪気な、無知の
【名】無邪気な人、潔白な人

いいのぉ、銭湯で**純潔**になれる

銭湯ののれんをくぐる女性

A: Who put a bug in my tea cup?
B: Believe me, I'm innocent, Mr. Chief.

A: 誰が湯呑みに虫を入れたんだ？
B: 私は**潔白です**。信じてください、課長。

関連語句 【名】innocence 無罪、無知、無邪気、純潔 ● I'm certain of her innocence. 彼女の無実を信じている。

117 insect

[ínsekt]

【名】昆虫、虫けらのような人

隕石と思ったら空から**昆虫**が！

空から降ってきた昆虫を捕まえようとする少年

A: Your eyelid is swelling badly.
B: It's an insect bite from last night.

A: まぶたがひどく腫れてるよ。
B: 昨夜の**虫**さされのせいなんだ。

関連語句　【類】bug 虫、ばい菌、機械などの欠陥　● get a bug out of my computer コンピュータの欠陥を除去する

118 insist

[insíst]

【自動】要求する、主張する
【他動】～であると強く主張する

印紙スッと要求する

印紙を差し出す人に、さっと手を出す男性

A: You must drink another glass of wine.
B: Thanks. If you insist.

A: もう一杯ワイン飲まなくちゃ。
B: ありがとう。**そんなにおっしゃる**ならいただきます。

関連語句　【名】insistence 主張　【形】insistent 強要する、しつこい　● There are insistent demands for his resignation. 彼の退陣への根強い要求がある。

LEVEL 1

119 inspire
[inspáiər]

【他動】(人を)鼓舞する、(人に)活気を与える
【自動】霊感を与える

因数、πや、と数学を**鼓舞**

因数やπを板書する数学の先生

A: My son got a perfect score on his maths test, and the teacher praised him a lot.
B: Terrific! That'll inspire him to study harder.

A: 息子が数学のテストで最高点を取って先生にすごくほめられたんです。
B: それはすごい！ますます頑張ろうって奮起してるだろうね。

関連語句 【名】inspiration 激励、刺激、霊感 ● I passed the exam thanks to the inspiration of my teacher. 先生の激励のおかげです。

120 instance
[ínstəns]

【名】例、例証
【他動】〜を例に挙げる
【自動】例証する

イ(ン)ス、タンスは家具のよい**例**

椅子とタンスが描かれた『家具』を説明する絵

A: She won the promise of employment from the first company she applied to.
B: That's an exceptional instance.

A: 彼女は応募した最初の会社から内定をもらったよ。
B: それは特別な例だね。

関連語句 【類】example 例 ● for example 例えば (= for instance)

121

instinct
[ínstiŋkt]

【名】本能、本性

因習ってことは**本能**でわかる

お茶を上司に運ぶ女子社員を見てひと言

A: How did you know that she was leaving you?
B: It was kind of an instinct.

A: 彼女にふられそうだってどうしてわかったの？
B: 直感みたいなものだよ。

関連語句 【形】instinctive 本能的な　● I have an instinctive horror of worms. 生まれつき毛虫が嫌いだ。

122

intense
[inténs]

【形】激しい、熱烈な

いい点数めざして**激しい**勉強

TOEIC 満点を目指し必死に勉強する人

A: The boss said, "Take it or leave it."
B: What intense pressure you're facing!

A: 上司が言ったよ、「受け入れるのか拒むのか」って。
B: なんて**激しい**圧力を受けているの！

関連語句 【類】intensive 強い、激しい、集中的な

LEVEL 1

123 issue
[íʃuː]

【名】問題、論点、発行物
【自動】流出する、生じる
【他動】～を発布する、～を出版する

異臭問題をとりあげる

工場から煙が出ている写真を会議の席で掲げる人

A: Air pollution in the area is getting serious.
B: Indeed. It's the very issue to be tackled.

A: この地域の空気汚染は深刻になってきました。
B: 確かに。まさに取り組むべき**問題**です。

関連語句 ● September issue 9月号 ● at issue 論争中で ● The bill will be passed or not is the point at issue. その法案が可決するかどうかが問題になっている。

124 item
[áitəm]

【名】項目、記事、品目

項目の欄**あいてま**す

書類の不備を指摘する公務員

A: They're sold out already?
B: I'm afraid so. These items are very popular.

A: もうそれ、売り切れたんですか？
B: 申し訳ありません。大変な人気の**品**なんです。

関連語句 【他動】itemize ～を箇条書きにする

125

judge
[dʒʌ́dʒ]

【他動】〜を裁判する、〜を審理する
【自動】判定する
【名】裁判官、判事、審判員

裁判官、**じゃっ時**間です

裁判官に時間を告げる係員

A: What happened to the murder case?
B: It's still being judged by the Supreme Court.

A: その殺人事件はどうなったの？
B: まだ最高裁で**審理中**です。

関連語句 ● lay judge system 裁判員制度 ● Are you for or against the introduced lay judge system? 導入された裁判員制度に賛成ですか、反対ですか？

126

labor
[léibər]

【名】労働、骨折り、陣痛
【形】労働（者）の

冷房があっても、**骨の折れる**仕事

エアコンが効いたオフィスで仕事に励む会社員

A: We have to hire more female workers.
B: Yes. Women's labor force rates are still low.

A: 女性をもっと雇わないと。
B: はい、女性の**労働力**率はまだ低いですから。

関連語句 【類】work 仕事、作品 ● Labor Standards Law 労働基準法

LEVEL 1

127 launch
[lɔ́:ntʃ]

【他動】～を発射する、～を開始する
【自動】事業などに乗り出す
【名】発射、打ち上げ

一郎んちであらたに**始める**

家の前で仲間を手招きしているイチロー

A: When is the spacecraft going to be launched?
B: You mean the one from Tanegashima Space Center?

A: いつ宇宙船は**打ち上げ**られるの？
B: 種子島宇宙センターからの？

関連語句　● launcher 発射装置、発射筒　● launch oneself on ~ （事業などに）乗り出す　● She launched herself on a political carrer. 彼女は政界に乗り出した。

128 liquid
[líkwid]

【名】液体、流動体
【形】液体の、流動する

陸移動、**液体**求めて

オアシス求めてラクダで旅する人々

A: He still can eat only liquid food at the hospital.
B: Such as soup or porridge?

A: 彼はまだ病院で**流動**食しか受け付けないんだ。
B: スープやおかゆとか？

関連語句　● liquid crystal television 液晶テレビ 【反】solid 固体（の）

129 luxury
[lʌ́ŋɡəri]

【名】ぜいたく（品）、豪華
【形】ぜいたくな

この**ラグ、ジャリ**っとするが**高級品**

表面に砂利がついている立派な絨毯

A: I want to live in luxury for good.
B: Then, buy some lottery tickets.

A: ずっと永久に**ぜいたく**に暮らしたいなあ。
B: じゃあ宝くじを買いなよ。

関連語句 【形】luxurious ぜいたくな、豪華な ●I stayed at a luxurious hotel in Hawaii. 私はハワイでデラックスなホテルに泊まりました。

130 maintenance
[méintənəns]

【名】持続、維持、ビルなどの管理

「**免停なんさ**」「いつまで**持続**？」

バスを待つ友人と話す信号待ちのドライバー

A: Who is in charge of the maintenance of this building?
B: Mr. Suzuki is.

A: このビルの**管理**責任者は誰ですか。
B: 鈴木さんです。

関連語句 【他動】maintain 〜を維持する、〜を持続する ●It's our duty to maintain world peace. 世界平和を維持するのは我々の義務だ。

LEVEL 1

131 majority
[mədʒɔ́rəti]

【名】大多数、過半数
【形】多数の、与党の

「**マジ降りてー**、こんな役」と**大多数**が言う

ボロをまとい、顔が汚れた役者たちのつぶやき

A: In my school, girls account for the majority of the students.
B: How lucky! You must be popular with them.

A: 僕の学校は**大半**が女子生徒なんだ。
B: ラッキーだね！モテるにちがいないね。

関連語句　【形】major 主要な、多数の【反】minority 少数、未成年
● majority decision 多数決

132 manage
[mǽnidʒ]

【他動】〜を経営する、〜を管理する
【自動】何とかやっていく

まねっじゃできない、**経営する**のは

若社長に、父親でもある先代社長が説教している

A: My wife has the greatest power at home.
B: Most women manage the household budget.

A: うちじゃ妻が最大の権力をもってるんだ。
B: 大体の女性が家計を**管理**しているからね。

関連語句　【名】management 経営(者たち)、管理、処理【名】manager 支配人、経営者、監督　● general manager 総支配人

133

material
[mətíəriəl]

【名】原料、材料、人材
【形】物質の

待ってりゃルンルン**原料**そろう

工場の中でのんびり待っている作業員

A: Oh, no! A stain on my brand-new dress. How can I get rid of it?
B: What material is it made of?

A: いけない、おろしたての服にシミが！どうやったら取れるかしら？
B: 生地の**素材**はなに？

関連語句 ● raw material 原材料 ● We import much raw materials for industrial products.
私たちは多量の原材料を輸入して工業製品を作っている。

134

mayor
[méiər]

【名】市長、町長、村長

市長辞**めいやー**！

市議会で議員たちのブーイングを受ける市長

A: Did you know that a candidate for the mayor, Ms. Kato, is our former classmate?
B: Really? Let's support her.

A: **市長**候補の加藤氏って僕たちの同級生だって知ってた？
B: 本当？じゃあ応援しよう。

関連語句 ● deputy mayor 市助役

LEVEL 1

135 **medical**
[médikl]

【形】医療の、医学の

目で軽く追う **医学の** あゆみ

医学事典を、足をくんで何気なくめくる人

A: They desperately need medical aid in the refugee camp.
B: I wish I were a doctor.

A: 難民キャンプでは**医療の**救援がなんとしても必要なんです。
B: 私が医師だったらいいのですが。

関連語句 【名】medicine 医学、医術、内服薬 ● medical care 治療 ● medical school 大学の医学部、医学校

136 **mention**
[ménʃən]

【他動】~に言及する
【名】（簡単な）言及、陳述

名称の ことを **話に出す**

大阪万国博覧会のことを得意そうに話す人

A: So how was the date yesterday?
B: Well, he never mentioned marriage.

A: で、昨日のデートはどんな感じだったの？
B: うーん、彼は結婚のことは全然**口にし**なかったわ。

関連語句 ● Don't mention it. どういたしまして
● not to mention ~ ~は言うまでもなく

137 method
[méθəd]

【名】方法、方法論

メソッ**ど**するのもいい**方法**？

嘘泣きをして、ちらっと怒った彼女を見る彼氏

A: Learning words with fun pun sentences is the best way to enrich vocabulary.
B: Right. It's called the 'Goroawase method.'

A: おもしろだじゃれ文で単語を学ぶのは語彙を増やす最良の方法ですね。
B: そのとおり。それは『ゴロアワセ方式』と呼ばれています。

関連語句 【形】methodical 秩序だった、組織的な ●man of method 几帳面な男（やや軽蔑的）　●work with method 順序立てて仕事する

138 military
[mílətèri]

【形】軍隊の
【名】軍人、軍隊

1**ミリたり**とも動かぬ**軍隊**

微動だにしない軍隊

A: What's the draft system?
B: It's forced military service for a certain period.

A: 徴兵制度って何ですか？
B: 一定期間義務により軍隊で活動することです。

関連語句 【類】militia 民兵　militant【形】好戦的な、【名】好戦的な人　●left wing militants 左翼の過激派分子

LEVEL 1

139

minister
[mínəstər]

【名】大臣、公使、聖職者
【自動】奉仕する、聖職者として勤める

ミネソタ訪問の**大臣**

これからミネソタを訪問する大臣

A: Last night Japan's foreign minister appeared on TV with the Russian President.
B: I watched it, but what was the name of the minister?

A: 昨夜日本の外務**大臣**がロシアの大統領とテレビに出てたよ。
B: 見たよ。ところで**大臣**ってなんて名前だっけ？

関連語句 ● the Prime Minister 総理大臣 ● Nobody dreamed that he would be the Prime Minister of Japan. 彼が日本の総理になるとは誰も夢にも思わなかった。

140

monitor
[má:nətər]

【名】監視装置、モニター
【他動】〜を監視する

門にたーくさんの**監視装置**

たくさんの監視装置がある立派な門

A: Is this high-rise apartment building really safe?
B: Of course. Our monitors work 24-7.

A: この高層マンションは本当に安全ですか？
B: もちろんです。**監視装置**が24時間いつも稼働してますから。

関連語句 monitoring【形】モニターの【名】監視、観察 ● TV monitor テレビモニター ● heart monitor 心拍監視装置

141 mutual

[mjúːtʃuəl]

【形】相互の、共通の
【名】相互保険会社

お互いの身内ある？

身内の存在を確認する若いカップル

A: We reached a mutual agreement on the deal.
B: Good job.

A: その取引で**双方**の合意に至りました。
B: よくやった。

関連語句 【名】mutuality 相互関係 ● mutual friend 共通の友人 ● I became acquainted with him through our mutual friends. 彼とは共通の友人を通じて知り合いました。

142 necessity

[nəsésəti]

【名】必要性、不可欠

寝させて〜、睡眠必要不可欠

ギターをひく人達の横で寝ようとする人のひと言

A: Did you really create this device?
B: 'Necessity is the mother of invention', as they say.

A: 本当にきみがこの装置を作ったの？
B: 『**必要**は発明の母』って言うでしょう。

関連語句 【形】necessary 必要な ● Good sleep is necessary for good health. よく眠ることは健康維持に必要だ。

LEVEL 1

143 neighbor
[néibər]

【名】近所の人、隣人、隣国
【他動】〜に隣接する
【自動】近くに住む

隣の人くらい知ら**ねぃばー**ならん

お隣さんに対して「誰？」と尋ねる少年をしかる母親

A: I had an argument with my neighbor yesterday.
B: Oh, what caused the trouble?

A: 昨日**お隣さん**とけんかしちゃったよ。
B: 何が原因で？

関連語句　● next-door neighbor 隣家の人【名】neighborhood 近所【形】neighboring 近所の、隣接した　● neighboring countries 近隣諸国

144 obey
[oubéi]

【他動】（命令、理性に）従う
【自動】従順である

欧米に**従う**

七面鳥、やツリーでクリスマスを祝う家族

A: Next time you don't obey the rules, you'll be kicked out of the school.
B: O.K. I'll behave myself.

A: 今度規則に**従わ**なかったら退学ですよ。
B: わかりました。もっときちんと行動します。

関連語句　【名】obedience 従順、服従　● obedience to the traffic law 交通法の順守

145

obtain
[əbtéin]

【他動】〜を手に入れる
【自動】（制度などが）行われる

<u>おー、ぶっていいん</u>かい？
手に入れるために

男の子から、力ずくでシャベルをとりあげた女の子

A: At last, I obtained an appointment to see the president of that company.
B: You did it!

A: ついに、あの会社の社長に会う約束を**取りつけ**ました。
B: よくやった！

関連語句　【類】get 〜を手に入れる

146

occasionally 【副】時々
[əkéiʒənəli]

時々この<u>桶異常なり</u>〜

お湯が漏れてくる桶

A: You don't drink any alcohol, do you?
B: I do, but only occasionally.

A: あなたは全くお酒を飲まないんですね？
B: ほんの**たまに**飲みます。

関連語句　【形】occasional 時折の、予備の　● It'll be cloudy with occasional showers. 曇りでときどきにわか雨でしょう。【名】occasion 場合、時、行事

LEVEL 1

147 occupation
[àːkjəpéiʃən]
【名】占領、職業

王宮ぺっしゃんこにして**占領**

王宮が戦車に踏みつぶされる絵本を見る子ども

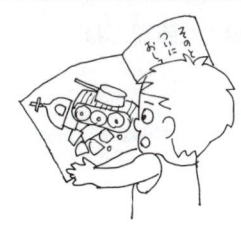

A: The occupation army is still in the area.
B: When will peace return there?

A: **占領**軍がまだその地にいるんです。
B: いつになったら平和がもどってくるんだろう。

関連語句 【類】vocation, profession 職業【他動】occupy 〜を占領する　● to occupy oneself 暇つぶしに

148 ordinary
[ɔ́ːrdənèri]
【形】普通の、並の
【名】普通の人（物）

王で成り立つふつうの暮らし

王制のもと平穏な日々送る人々

A: Wha't your new boss like?
B: He is quite an ordinary man.

A: 新しい上司はどんな人？
B: きわめて**普通**の人だよ。

関連語句 【反】extraordinary 尋常でない　● He has an extraordinary ability in business. 彼は非凡な商才の持ち主だ。　● in the ordinary way 普通のやり方で

149 organ
[ɔ́:rgən]

【名】臓器、(政府などの)機関

オー頑丈な**臓器**だね

胃のレントゲン写真をみて医師のひと言

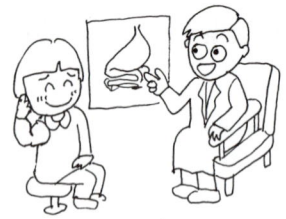

A: Is it true that your daughter is going to have an organ transplant?
B: Yes, thanks to a donor.

A: 娘さんが臓器移植を受けるというのは本当ですか？
B: はい、提供者のおかげで。

関連語句 【動】organize ～を組織する、～を計画する 【形】organic 有機の、器官の
● organic vegetables 有機栽培の野菜 ● organ transplantation 臓器移植

150 otherwise
[ʌ́ðərwàiz]

【副】さもなければ、別のやり方で

アザはいずれ消える、**さもな**ければ…

赤ちゃんのおしりの青あざを心配している両親

A: My phone number is ...
B: Hold on. Let me write it down, otherwise I might forget it.

A: 私の電話番号は…
B: ちょっと待って。メモさせてください。**そうしないと**忘れそうですから。

関連語句 ● otherwise known as (o.k.a) 別名 ● The young man, named Peter is otherwise known as Spiderman. その若者、ピーターは別名スパイダーマン。

LEVEL 1

151 outcome
[áutkÀm]

【名】結果、成果

面接官に**会うとかむ**ので、**結果**はダメだった

爪をかむ癖のある女性

A: I'm not responsible for the outcome, OK?
B: Have it your own way.

A: 私にはその**結果**に責任はないですからね。
B: 勝手にしてよ。

関連語句 【類】result 結果 ● Don't worry about the result. You did your best after all. 結果は気にしないで。全力を尽くしたんだから。

152 outstanding
[àutstǽndiŋ]

【形】目立った、未解決の

こっそり**会おうとしたんでん(す)**が、**目立って**しまって…

警察に事情を聴かれる女装したごついお父さん

A: Your progress in English skills is outstanding. What's the secret?
B: Well, maybe it's thanks to the 'Goroawase method.'

A: あなたの英語の伸びは**きわだってるわ**。どんな秘訣が？
B: そうねぇ、『ゴロアワセ方式』英語のおかげかな。

関連語句 【副】outstandingly 著しく ● Look at the autograph from Jiro, the outstandingly popular player. 人気絶頂の選手、ジローのサインを見て！

153

overcome
[òuvərkÁm]

【他動】～を克服する、(敵を)征服する

大馬鹿ムスコ、自分で**克服せよ**

「おれおれ、事故っちゃってサー」という息子を一蹴する母

A: It's tough for me to deal with complaints from the customers.
B: Try to overcome things by yourself first.

A: お客の苦情に対処するのは私には大変です。
B: まずは自分で**克服**してみなさい。

関連語句 ● be overcome (肉体的、精神的に)圧倒される、参る ● He has been overcome with grief in the hospital. 彼は病院でずっと悲嘆に暮れている。

154

overlook
[òuvərlúk]

【他動】(過失などを)大目に見る、～を見下ろす
【名】見落とし

おば(さん)ルック大目に見よう

デートの待ち合わせにおばさんぽい服で現れた彼女にひと言

A: How many times have I overlooked your mistakes?
B: I'm so sorry, but this is the last time, I promise.

A: 何度きみの間違いを**大目に見て**きたことか。
B: ほんとうに申し訳ありません。これが最後です。約束します。

関連語句 【類】oversee ～を監督する、～をこっそり見る ● Will you oversee the new project from start to finish? 最初から最後まで新企画の監督をしてくれますか？

LEVEL 1

155 owe
[óu]

【他動】～に支払い義務がある、(成果など)～のおかげとする
【自動】借りがある

負うよ、**支払い義務がある**ん だから

あきらめ顔の連帯保証人

A: I owe you 1,000 yen for lunch last week.
B: And for the dinner that night as well. It amounts to 3,000 yen.

A: 先週のお昼代 1,000 円**借りて**たね。
B: それとその晩の夕食もね。全部で 3,000 円だよ。

関連語句 ● I owe you one. 恩に着るよ。助かるよ。 ● I owe you one for attending the meeting in my place. 代わりに会議に出てくれて恩に着るよ。

156 oxygen
[á:ksidʒən]

【名】酸素

お、岸じゃん、**酸素**足りたよー

陸地について安心しているダイバー

A: I got altitude sickness on the top of Mt. Fuji.
B: Ah, oxygen is scarce there.

A: 富士山の頂上で高山病になったよ。
B: ああ、**酸素**うすいからね。

関連語句 ● oxygen mask 酸素マスク ● oxygen tank (cylinder, bomb) 酸素ボンベ
● hydorogen 水素、nitorogen 窒素

157

parallel
[pǽrəlèl]

【他動】〜と平行している【名】平行線、相似【形】平行な、相似する【副】〜と平行に

平行に引っ張られる

海面と平行に引かれる水上スキーをしている人

A: This morning, from my train window I saw you driving down the road.
B: It's because the road parallels the railway.

A: 今朝電車から君が運転しているのを見たよ。
B: 道が線路と**平行して**走ってるからね。

関連語句 ● in parallel 平行して　● In the studio, two films were shot in parallel. スタジオでは、2つの映像撮りが同時進行していた。　● parallel circuit 並列回路

158

physician
[fizíʃən]

【名】医師、内科医

フィジー、上海で活躍の内科医

フィジーと上海での活動を報告する医師

A: What if I get sick in Fiji?
B: No problem. Japanese speaking physicians are available there.

A: フィジーで病気になったら？
B: だいじょうぶ。日本語を話す**医師**が現地にいるから。

関連語句 【類】surgeon 外科医　【類】physicist 物理学者　【形】physical 身体の、物理の　● physical checkup 健康診断

LEVEL 1

159 polish
[pá:liʃ]

【他動】～をこすり磨く、～のつやを出す
【名】つや、(作法などの)洗練

ポリシャベルを**磨く**

農園での日々を思い起こしシャベルを磨く男性

A: Your shoes need to be polished.
B: Thanks for reminding me. Dirty shoes are a sign of the incompetent business person.

A: あなたの靴はきれいに**磨く**必要があるね。
B: そうだった、ありがとう。汚れた靴は無能なビジネスマンの証のようなものですからね。

関連語句 【名】polisher 研磨器、磨く人　● spit and polish こぎれいなこと
【多】Polish (大文字)【形】ポーランド (人、語) の、名　ポーランド語

160 popularity
[pà:pjələrəti]

【名】人気、流行

ポプラ、利点が多くて**人気**

人気のポプラ並木でポーズを決める観光客

A: Our new model has been enjoying popularity for the past months.
B: OK, produce more for greater profit!

A: 当社の新型製品はここ数ヶ月**人気**を博しています。
B: よし、では生産を増やしてもっと利益を上げよう。

関連語句 【形】popular 人気のある、評判のよい、民衆的な　● He is popular among [with] girls. 彼は女性に人気がある。

161

preserve
[prizə́:rv]

【他動】〜を保護する、〜を保存する

プリ（ン）、ざぶとんの下に
保存する

プリンの上に座布団をかぶせる子ども

A: It's not easy to preserve natural assets.
B: Both against natural disasters and man-made ones.

A: 自然遺産を**保護する**のは簡単なことじゃないんだ。
B: 自然災害と人的災害の両方から、ですか？

関連語句 【名】preservation 保護、保存、貯蔵 ● Preservation of your health is crucial to live long. 長生きするには健康の保持がとても重要だ。

162

principle
[prínsəpl]

【名】主義、信念、原則

プリン渋る主義

自分のためにプリンを取り置くケーキ屋さん

A: What appeals to you about our company?
B: Well, first of all, your principles are in accordance with mine.

A: あなたにとっての当社の魅力とは？
B: はい、まず会社の**方針**が私の主義と合っているところです。

関連語句 ● in principle 一般原則として ● I agree with you in principle. 大筋ではあなたに賛成です。

LEVEL 1

163 priority
[praiɔ́rəti]

【名】優先事項、優先権

やっぱり降りて、老人が優先

お年寄りで満員のエレベーター

A: The boss says that cost-consciousness is the first priority.
B: OK. I'll stop my private e-mails in the office.

A: 経費節減が第一優先だってボスが言ってますよ。
B: わかった。もう会社で個人的な電子メールはやらないよ。

関連語句 【他動】prioritize ～を優先させる　● priority seat 電車などの優先席
● the priority order (the order of priority) 優先順位

164 prove
[prúːv]

【他動】～を証明する
【自動】～と判明する

ブルブル震えて寒いの証明する

着込んでいるのに寒さで震えている人

A: Hey, the rumor has proved to be true.
B: Is he dating the prettiest woman in our office?

A: ねえ、あのうわさはやっぱり本当だとわかりました。
B: 彼が会社で一番の美人とつきあってるってこと？

関連語句　● It goes to prove (that) ~　～ということの証明になる　【名】proof 証明
waterproof 防水の　● idiot-proof camera 全自動カメラ

165

psychology
[saiká:lədʒi]

【名】心理学、心理状態

<u>サイコロじー</u>っと見て、**心理**がわかるの？

サイコロを真剣に見つめる人をいぶかしげに見る女性

A: My girlfriend says that I have no knowledge of feminine psychology.
B: I'm afraid she is right.

A: 僕は女性の**心理**がわかってないって彼女が言うんだけど。
B: きっとそうだと思うわ。

関連語句 【形】psychological 心理の、心理的な　● clinical psychology 臨床心理学
● He is an authority of clinical psychology. 彼は臨床心理学の権威だ。

166

quality
[kwá:ləti]

【名】品質、性質

その**氷ってぃ**どんな**質**？

氷のかたまりを砕いて成分検査する研究員

A: Can I trust you ?
B: I can assure you of the quality of all the products I designed.

A: きみを信頼していいかな？
B: 私が設計した当社全製品の**品質**は保証いたします。

関連語句 ● quality of life（QOL）生活の質　● What matters most is you keep quality of life even under the recession. 大事なのは不況時でも生活の質を保つことだ。

LEVEL 1

167 quarrel
[kwɔ́:rəl]

【自動】けんかする、苦情を言う
【名】口論、仲違い

飯、**食われる**、と**けんかする**

食卓でご飯を取り合う兄弟と見守る母

A: I haven't talked to my wife for a week now.
B: Are you quarreling with her again?

A: 妻ともう一週間口をきいてないんだ。
B: また奥さんと**けんか**中？

関連語句　【名】quarreler けんか好きの人　● get into a quarrel with ~ ～と言い合いになる

168 quarter
[kwɔ́:rtər]

【名】四支払期の一つ、四分の一、15分
【形】四分の一の

この**四半期**になに**買うたー**？

4月～6月に買ったものを思い出すふたり

A: Our sales have been declining this second quarter.
B: We need some drastic measures for the next quarter.

A: 当社の売り上げが第2**四半期**で落ち込みました。
B: 次の**四半期に**向けて抜本的対策が必要ですね。

関連語句　【形】quarterly 年4回の、四半期の　● quarterly journal 季刊誌
● at close quarters すぐ手元に

85

169

quit
[kwít]

【他動】(仕事などを) 辞める、〜を放棄する
【自動】(口語) 仕事を辞める

辞めれば**きっと**うまくいく

辞表をにぎって、希望にあふれた表情の社員

A: Are you sure you want to quit the job?
B: Yes. Meeting my sales quota every month is a heavy load for me.

A: 本当に仕事を**辞める**んですか？
B: はい。毎月販売割当て額を達成するのは大変な負担なんです。

関連語句 【名】quitter (競争、義務など) 放棄する人、臆病者

170

raise
[réiz]

【他動】〜を上げる、〜を持ち上げる、(子供を) 育てる
【名】上昇、昇給

冷蔵庫を**持ち上げる**

重そうな冷蔵庫を一人で持ち上げる引っ越し屋さん

A: We can't expect any pay raise in this economic recession.
B: You can say that again.

A: この不景気では**昇**給を期待するなんてできないよ。
B: 全くそうだね。

関連語句 【自動】rise 上がる　● raise hell 大騒ぎする　● We've raised hell at the welcome party for Tom. トムの歓迎会で大騒ぎしてしまった。

LEVEL 1

171 range
[réindʒ]

【名】範囲、射程距離
【自動】（範囲が）及ぶ、連なる
【他動】〜を整列させる

連日変わる**範囲**

不満声をあげる生徒達の前で、試験範囲を発表する先生

A: We have a wide range of colors and sizes available.
B: Wonderful!

A: 私どもは**幅広い**色とサイズを取りそろえております。
B: すばらしい！

関連語句　● mountain range 山脈　● price range 価格帯　● What price range do you have in mind for the engagement ring for her? 婚約指輪の予算はどのくらい？

172 rare
[réər]

【形】珍しい、生焼けの

珍しいのってど<u>れぁ</u>？

棚に並ぶたくさんのワインを目にしたおじさんのひと言

A: You might not be able to imagine the days when PCs were rare.
B: Actually no. I am in the digital age, you know.

A: きみはパソコンが**珍し**かった時代のことを想像できないかもね。
B: 実際そうですね。私はいわゆるデジタル世代ですから。

関連語句　【名】rarity 珍しいこと（もの）、珍しさ　● rare old とてもよい、とても悪い
● We had a rare old time at the party. パーティーで楽しい時を過ごしました。

173

raw
[rɔ́:]

【形】生の、未加工の

これ、**生**だ**ろー**？

生のインスタントラーメンを箸でつまんだお父さんのひと言

A: Isn't the meat still raw?
B: Oops, sorry, I forgot to cook it.

A: この肉まだ**生**じゃない？
B: あらごめんなさい。火を通してなかったわ。

関連語句 ● raw material 原材料　● in the raw（人工でない）自然のまま　● The film portrays her life in the raw. その映画は彼女のありのままの人生を描いている。

174

rear
[ríər]

【他動】（子供を）育てる、（家畜を）飼う

育ててく**りやー**

たくさん産まれた子犬の一匹を、知人に渡す人

A: Are you taking child-care leave?
B: Yes, it's common now that men commit to child rearing.

A: あなたは育児休暇を取るんですか？
B: はい。今は男性も子**育て**にかかわるのは普通のことですから。

関連語句　【多】rear【名】後ろ、背後、尻【形】後ろの、裏の　● A tall building is under construction at the rear of my house. うちの裏で高いビルが建設中です。

LEVEL 1

175 recognition
[rèkəgníʃən]

【名】承認、識別、見てそれとわかること

レンコン具にしようん、**承認**求む

冷蔵庫の中のレンコンみつけ夕飯のメニューを思いつく主婦

A: How can we win the recognition of a pay raise from the management?
B: It's an uphill battle, I suppose.

A: どうやったら経営側から昇給の**承認**が得られるだろう？
B: それは困難な闘いだろうね。

関連語句　【形】recognizable 認識できる、見分けのつく

176 recognize
[rékəgnàiz]

【他動】〜を識別する、〜だと認知する

レンコンがないぞ、と**認識**する

冷蔵庫開けて、あるはずのレンコンがなくあわてる主婦

A: I'm afraid the task I've done is not perfect.
B: You should recognize that you don't have to be a perfectionist.

A: 私のした仕事は完全ではないと思います。
B: 完璧主義者になる必要はないことを**認識する**べきです。

関連語句　【類】approve 承認する、認可する

177 recommend
[rèkəménd] 【他動】〜を推薦する、〜を推奨する

利口(な)めんどりお薦めするよ

博士帽かぶっためんどりをかかえて人に渡そうとする人

A: I'm going to take the TOEIC Test for the first time.
B: Are you? I strongly recommend you use this book.

A: わたし始めて TOEIC テストを受けるんです。
B: そうですか。この本で勉強することを強く**おすすめします**よ。

関連語句 【名】recommendation 推薦　● He became section manager on the recommendation of the executive director. 彼は重役の推薦で課長になった。

178 recover
[rikʌ́vər] 【自動】(病気などから)回復する、元通りになる【他動】(失ったものを)取り戻す

理科ばーかりやって成績回復！

理科の本広げニコニコ机に向かう学生

A: It's amazing that you've already recovered and are back at the office.
B: Any trouble while I was on sick leave?

A: あなたがもう**回復**して仕事に復帰したとはおどろきです。
B: わたしの病気休暇中になにか問題はありましたか？

関連語句 【名】recovery 回復　● make a quick recovery 素早く回復する

LEVEL 1

179 region
[ríːdʒən]

【名】(広大な) 地域、(地理的) 地方

輪状にひろがる**地域**

水不足で砂漠がどんどん広がるのを心配そうにみている人

A: I'm going to be working at the branch office in Nepal next month.
B: In that mountainous region?

A: 来月ネパール支店で働くことになりました。
B: あの山間の**地方**で？

関連語句 【形】regional 地域の ● There are wide regional variations in dialects. 方言には地方による幅広い違いがある。

180 remain
[riméin]

【自動】(～のままで) いる、残る
【名】残り、残余

裏面に**残った**跡

書類の裏に、消し忘れの不可解なサインをみつけ悩む男性

A: Let's go grab lunch.
B: I'll remain here to get this work done.

A: さっとお昼を食べにいこう。
B: この仕事を終わらせたいから**残る**よ。

関連語句 【名】remainder 残留者、残物、剰余 ● I'll take the remainder of the feast. ごちそうの残りを持って行こう。【名】remnant 残余、生存者、遺物

181

remarkable
[rimá:rkəbl]

【形】著しい、優れた、並はずれた

ありまーかぶる？その**並はずれた**帽子

派手で大きな帽子をかぶっている女性を見て驚く人

A: Japanese economy will make a remarkable recovery.
B: What makes you think so?

A: 日本経済は、**著しい**回復を遂げるだろう。
B: どうしてそう思うのですか？

関連語句 ● remarkable-looking 目立つ見かけの

182

rent
[rént]

【他動】〜を賃借する、〜を賃貸する
【名】賃貸料

貸してや**れんと**言われた

銀行から、しょげた顔で出てきた男性のひと言

A: Three hours of commuting every day is eating up my free time.
B: Maybe you should consider renting an apartment near here.

A: 毎日3時間の通勤時間が私の自由時間を奪ってるんだよね。
B: もしかしたらこのあたりにアパートを**借りる**ことを考えてみるべきかも。

関連語句 【形】rental 賃貸の 【名】rental 賃貸料 ● video rental store レンタルビデオ店（日本語と語順が逆） ● for rent 賃貸用の ● costume for rent 貸衣装

LEVEL 1

183

require
[rikwáiər]

【他動】～を必要とする、～を要求する

リュックはいいや、他の物を**要求する**

リュックを渡す女性とバックを要求する男性

A: Leave me alone!
B: No, I require to know the truth as a close friend of yours!

A: 私のことはほっといて！
B: だめ。あなたの親友の一人として本当のことを知る**必要がある**！

関連語句 【名】requirement 要求されるもの、必要条件 ● Speaking English is the first requirement for the job. その仕事には英語を話すことが第一必要条件だ。

184

rescue
[réskju:]

【他動】～を救い出す、～を救助する
【名】救出、救援

レス（返事）急にきた、**救助**にいこう

救急車に大急ぎで飛び乗る救急隊員

A: A large number of people were required to rescue the residents in the disaster area.
B: As a matter of fact, I went there as a volunteer.

A: 被災地では多数の人々が住民を**救う**ために必要とされているんだ。
B: 実は私はボランティアとして行ってきました。

関連語句 【名】rescuer 救助者 ● Her rescuer out of the river was a schoolchild. 彼女を川から救ってくれた人は小学生です。 ● go to the rescue 救助に行く

185 resist
[rizíst]

【他動】〜に抵抗する、〜を食い止める
【自動】耐える

レジすっ飛ばし**抵抗する**

レジの近くで万引き犯人を捕らえる店長

A: You were brave enough to resist the robber.
B: It's my duty as a bank manager, that's all.

A: 泥棒に**抵抗し**たとは勇気がありますねえ。
B: 銀行支店長としての務めですから。

関連語句　【名】resistance 抵抗、耐性、地下抵抗運動【形】resistant 抵抗する、耐性のある　●quake-resistant buildings 耐震建築ビル【名】resistant 抵抗者

186 resource
[ríːsɔ̀ːrs]

【名】資源、財源

資源あるのが**理想っす**

土地や、森林や、豊かな湖などを空想している人

A: It's a pity we lack natural resources in Japan.
B: That's why we need to develop human resources.

A: 日本には天然**資源**が少ないのが残念です。
B: だから人的**資源**を開発することが必要なんです。

関連語句　● human resources (HR) 会社の人事部門、人材　● man of resource 機転に富んだ人

LEVEL 1

187

restore
[ristɔ́:r]

【他動】~を修復する、(元気などを)回復する、~を元に戻す

冷酒とは心を**修復する**ものなり

冷酒を旨そうに飲む人

A: How should we restore consumers' confidence?
B: First and foremost, we must be responsible for our products.

A: 顧客の信頼をどのようにして**回復**したらよいでしょう？
B: 何よりまず商品に責任を持たなければなりません。

関連語句 【名】restoration 回復、復興 ● the Meiji Restoration 明治維新

188

retire
[ritáiər]

【自動】引退する、退職する
【他動】~を引退させる

会社去**りたいや**、と**退職**

元気に会社を去る若手社員

A: My uncle retired early and moved to Thailand with his wife.
B: Sounds like a stylish way of life, doesn't it?

A: 叔父が早期**退職**して、奥さんと一緒にタイに引っ越すんだ。
B: 素敵な生き方だよね。

関連語句 【名】retirement 退職 ● retirement pay 退職金

189

row
[róu]

【名】(まっすぐな人や物の) 列、席の列

横の**列**にな**ろう**

生徒達が横一列になっている

A: Hey, we got front row seats for the Noh play.
B: Terrific!

A: ねえ、能舞台の座席最前**列**になったよ！
B: やったね！

関連語句 ● in a row 一列になって、連続的に【多】row〔róu〕船をこぐ、row〔ráu〕激しい口論、騒動

190

ruin
[rúːin]

【名】荒廃、廃墟、遺跡
【他動】～を荒廃させる、廃墟と化す

滅びた**廃墟**を見たとき**留飲**が下がった

廃墟の前で、やった！と溜飲を下げている武士

A: Now we're visiting famous ruins of the Genbaku dome.
B: Can we go inside?

A: さて、これから有名な**遺跡**である原爆ドームを訪れます。
B: 中に入れますか？

関連語句 ● The abundance of money ruins youth. 金が豊富にあることは若者を駄目にする。(ことわざ)

LEVEL 1

191 scatter
[skǽtər]

【他動】〜をまき散らす
【名】まき散らすこと

スカッとはするでしょう。**まき散らせば**

節分の豆をまき散らしている父と子を苦々しい顔で見る母

A: Look at the scattered stars in the sky.
B: They're beautiful. Is that Orion?

A: そらに**散らばった**星を見てごらん。
B: きれいだね。あれはオリオン座？

関連語句 ● the bean scattering ceremony 豆まき

192 scheme
[skíːm]

【名】たくらみ、計画
【他動】〜をたくらむ

スキーも計画しよう

旅行のパンフレットを見て、スキーもいいなと思う人

A: How do you like this scheme?
B: Perfect! She'll be sure to join our party.

A: この**計画**をどう思いますか？
B: 文句なし！彼女はきっと我が党に入ってくれるだろう。

関連語句 ● evil scheme わるだくみ

193

scholar
[skɑ́:lər]

【名】学者、学識者

お金出**すから一学者**になって

札束をもった母親、腕組みをして悩む息子

A: Do you want me to be a scholar in the future, Mom?
B: That's not bad.

A: お母さん、僕に**学者**になってもらいたいの？
B: 悪くないわね。

関連語句 【名】scholarship 学問、奨学金

194

sector
[séktər]

【名】（産業などの）部門、区域

この**部門**でこんなに気が**急くとは一**

障害物競争のパン食い部門で苦労する男性

A: What line of business are you in?
B: I am in the service sector of an auto company.

A: どこに勤めているの？
B: 私は自動車会社のサービス**部門**におります。

関連語句 ● a joint public-private venture 第三セクター

LEVEL 1

195 secure
[sikjúər]

【形】安全な、安定した
【他動】〜を確実にする、〜を手に入れる

石油は安全か？

石油を検査している人

A: Finally my son managed to secure a job.
B: Good for him!

A: ついに息子が仕事を**見つけてきた**よ。
B: 良かったね！

関連語句　【名】security　● security company 警備会社　● securities company 証券会社

196 share
[ʃéər]

【他動】〜を共有する、〜を分配する
【名】分け前、株式

せや、**株**でも買って儲かったら**分け合いましょ**

株取引所の前で相談するふたり

A: Would you mind sharing your table with this gentleman?
B: Well, all right.

A: この方と**合い**席でもよろしいでしょうか？
B: ええ、いいですよ。

関連語句　● the lion's share 不当に大きな分け前

197

shortage
[ʃɔ́ːrtidʒ]

【名】不足（高）、欠乏

ショー、定時になっても観客**不足**

数人しかいない観客席、ステージでがっかりの様子の芸人

A: I know I should accept the chronic job shortage.
B: You have no choice.

A: 慢性的な職**不足**を受け入れるしかないね。
B: 仕方ないです。

関連語句 【形】short 不十分な、足りない　●in short supply 不足して

198

sigh
[sái]

【名】ため息
【自動】ため息をつく

災難に**ため息**

地震で半壊した家の前で落胆する住人

A: Judging from your deep sigh, you must have made a mistake again.
B: That's none of your business.

A: 君の深い**ため息**からすると、また間違いを犯したんだね。
B: 君には関係のないことだ。

関連語句　●heave a sigh of relief (grief) 安堵（嘆き）のため息をつく

LEVEL 1

199 signature
[sígnətʃər]

【名】署名、調印

すぐにちゃーんと**署名**を

署名欄に、石沢なにがしと署名をする女性

A: May I have your signature here?
B: Sure.

A: あなたの**サイン**をここに頂けますか？
B: はい。

関連語句 【他動】sign ～にサインする　●autograph 有名人の記念のためのサイン

200 similar
[símələr]

【形】類似した、同類の

どれも**似たような****シミらー**よ

ワンピースの数カ所に似たような形のシミ

A: All the compact cars are out. Is a similar type all right?
B: That's fine as long as it drives well.

A: その小型車は今みんな出ていますが、**同型**のものでもよろしいでしょうか？
B: ちゃんと走りさえすればかまいませんよ。

関連語句 【名】similarity 類似

201 sincere
[sinsíər] 【形】誠実な、偽りのない

あの人**紳士やー**、**誠実で**

英国紳士風の男性を噂する女性達

A: I'm ticked off. How can you be so rude?
B: I didn't mean it. Please accept my sincere apology.

A: 頭にくるよ。どうして君はそんなに失礼なの？
B: そんなつもりはなかったんだ。**心から**謝るよ。

関連語句 【副】sincerely 心から、誠意をもって 【名】sincerity 率直さ、誠意　●He should have apologized with sincerity. 彼は誠実さをもって謝罪するべきだった。

202 solution
[səlú:ʃən] 【名】解決策、解答

それーしょんなにいい**解決策**じゃないよ

割れた壺をセロテープで直そうする野球少年にひと言

A: Her solution to the problem of customer complaints was beautiful.
B: Exactly. I really admire her.

A: 彼女の苦情**処理策**は見事だった。
B: 確かに。彼女を尊敬するよ。

関連語句 【他動】solve ～を解決する

LEVEL 1

203 spare
[spéər]

【他動】(人にものを)分け与える、(時間)をさく
【形】備えの、余分の

この梅干し、**すっぺーあ**(や)、**分け与える**よ

酸っぱい顔をして隣の人に梅干しを勧める人

A: I have no time to spare for a bath.
B: You aren't that busy.

A: お風呂に**割く**時間がないよ。
B: それほど忙しくもないでしょう。

関連語句　● in one's spare time 暇な時間に　● Please respond to my mail in your spare time. お手すきの時間にお返事ください。

204 sponsor
[spá:nsər]

【名】後援者
【他動】〜のスポンサーを務める、保証人となる

スッポンさ、**後援者**がくれたのは

後援会からスッポンの差し入れ

A: This TV show is sponsored by my company.
B: With some other companies, right?

A: この番組、私の会社が**提供している**んだ。
B: 他の会社とともに、でしょ？

関連語句　【名】sponsorship 後援　● under the sponsorship of ~ 〜の後援で

205

stable
[stéibl]

【形】安定した、信頼できる
【名】馬小屋、相撲部屋

安定した椅子テーブル

ずっしりとした椅子とテーブル

A: Has your son started job hunting?
B: Yes, I want him to secure a stable job.

A: あなたの息子さん、就職活動始めた？
B: ええ、**安定した**仕事についてもらいたいのよ。

関連語句 ● stable master 相撲部屋の親方

206

status
[stéitəs]

【名】地位、身分、状況

地位も**身分**も捨てぃたす

社会的地位を捨て、お遍路姿で寺へ向かう中年男性

A: She appeared on a debate program on TV last night.
B: Looks like she has won a steady status as an economist.

A: 彼女、テレビの討論番組に出てたよ。
B: どうやら彼女は経済学者としての**地位**を確立したようだね。

関連語句 ● status quo（ラテン語）体制、現状（維持）

LEVEL 1

207 steal
[stíːl]

【他動】（こっそり）〜を盗む、〜を盗用する
【名】窃盗、盗塁

捨てるそばから**盗む**とは！

粗大ごみ置き場から布団などを拾っていく人

A: Someone stole my pen from my drawer!
B: Hey, it's under your desk on the floor.

A: だれかが私のペンを引き出しから**盗った**！
B: ちょっと、それ、あなたの机の下に落ちてるよ。

関連語句 ● steal a base 盗塁する ● Look! Ichiro is going to steal second base. 見て！イチローが二塁に盗塁するよ。

208 stock
[stɑ́k]

【名】株式、株、在庫品、貯蔵

株買って**蓄え**を**す（し）とこ**う

株券や通帳をたくさん持っている人

A: What's the stock price of our company?
B: Are you thinking of acquiring some?

A: 我が社の**株**価はどれくらい？
B: いくらか買おうと思っているの？

関連語句 ● stockholder 株主 ● common stock 普通株

209 substance

[sʌ́bstəns] 【名】物質、本質

その**物質**調べるの、**さぼっ(す)たんす**

得体の知れない物質を指さし、先生に謝る生徒

A: What is cyanide?
B: It's a poisonous substance.

A: シアンって何ですか？
B: それは毒性物質です。

関連語句 【形】substantial 実質的な、大量の　● The residents suffered substantial damage from the earthquake. 地震のせいで、住民達はかなりの被害を被った。

210 suburb

[sʌ́bəːrb] 【名】郊外、近郊

郊外で食べる**サバー、ブ**リ

野原に腰をおろしサバとブリの寿司を美味しそうに食べる若者

A: It takes two hours to come to the office?
B: I bought a new house in the suburbs.

A: 職場まで3時間かかるんだって？
B: **郊外**の家を購入したんだ。

関連語句 【形】suburban 郊外の 【反】urban 都会の

LEVEL 1

211 **sudden**
[sʌ́dn]

【名】突然の、急な

突然の作動

宝石店に盗みにはいった泥棒、突然のアラームに仰天

A: Do you know how to operate an AED, automatic external defibrillator?
B: Sure thing. It can rescue people in danger of sudden death.

A: AEDをどうやって使うか知っている？
B: 当然。それで、人が**急死**するのを防げるんだからね。

関連語句　● all of a sudden = suddenly 急に　● The girl started to cry all of a sudden. その少女が急に泣き出した。

212 **suffer**
[sʌ́fər]

【他動】（被害などを）被る、〜に直面する

サファリで被害を受ける

サファリパークでライオンに襲われ、驚き慌てる女性

A: Since the scandalous rumor, our sales have been suffering major damage.
B: How vexing!

A: あのスキャンダルから、販売が著しく**落ち込んだ**よ。
B: 頭が痛いね！

関連語句　【名】suffering 苦しみ、受難　● She has compassion for the sufferings of others. 彼女は他人の苦しみに対する情にあつい。

213

suitable
[súːtəbl]

【形】適当な、ふさわしい

この**酢ぅ食べる**のに、**適している**

酢をコップにいれて飲もうとする女性

A: Our CEO seems to be stepping down due to his health problem.
B: Who do you think is a suitable replacement?

A: 我が社の CEO は、健康問題で辞任するらしい。
B: 誰が、後任として**ふさわしい**んだろう。

関連語句　【他動】suit（条件などに）適う、〜に似合う　【名】スーツ

214

suppose
[səpóuz]

【他動】〜と仮定する、想像する

もし**さーボウズ**になったら、**と仮定してみる**

ボウズ頭の自分を思い浮かべるロン毛のミュージシャン

A: I'm sorry I'm late again. Have you been waiting long?
B: You were supposed to be here at 9:00. It's already noon!

A: また遅れちゃって、ごめんね。大分待った？
B: 9 時に来ることに**なってた**のよ。もうお昼じゃない！！

関連語句　【名】supposition 仮定、想像　● a likely supposition ありそうな仮定

215

survey
[sərvéi]

【名】調査、測量
【他動】(情勢などを)調査する

さーべー(寒い)ところで**調査する**

凍えながらエスキモー達に話を聞く調査員

A: We need a follow-up survey on the case.
B: You said it.

A: この事件については、追跡**調査**が必要だ。
B: もっともです。

関連語句 ● rating survey 視聴率調査

216

swallow
[swɑ́:lou]

【他動】(食べ物を)飲み込む、(話を)うのみにする【自動】我慢する
【名】ひと飲み

座ろうよ、ぐっと**飲み込む**には

ドリンクを手にした部下に椅子を勧める上司

A: What have you got now?
B: I just swallowed a tablet. I have a slight cold.

A: 今何を飲んだの？
B: 錠剤を**のんだ**だけだよ。軽い風邪なんだ。

関連語句 【多】swallow つばめ ● a flight of swallows つばめの飛群

217

task
[tæsk]

【名】任務
【他動】〜を課す

助けて！**任務**ありすぎ

デスクワークで疲れ果てた様子の女性

A: Shall I give you a hand?
B: No thanks. This is a task assigned to me.

A: お手伝いしましょうか？
B: 大丈夫です。これは僕に与えられた**仕事**だから。

関連語句 ● task force 特殊任務のために編成された対策委員会、任務部隊

218

temper
[témpər]

【名】気質、気性、落ち着き

テンパってる**気質**

職場でどたばた慌ただしい社員

A: The boss yelled at us to work harder.
B: Again? He has such a short temper.

A: 上司がもっと働けって怒鳴るのよ。
B: また？彼は短**気**だね。

関連語句 ● lose one's temper 激怒する ● The customer lost his temper when he found a fly in his soup. 客は、スープにハエが入っているのを見て、激怒した。

LEVEL 1

219 tendency
[téndənsi]
【名】傾向、すう勢

停電しそうな**傾向**

仕事中、窓の外には稲妻が、電気も点滅

A: There's a deflationary tendency going on.
B: It worries me a lot.

A: デフレ**傾向**が続いているね。
B: 心配になります。

関連語句 ● tendency of the times 時代傾向

220 tense
[téns]
【形】緊張した

点数わかる前って、**緊張する**ね

テスト返却中、どきどきした様子の女子高生

A: You look so tense.
B: I'm being transferred to the head office.

A: **緊張している**みたいだね。
B: 本社に異動することになったんだ。

関連語句 ● be tensed up 神経が張りつめる ● I'm always tensed up before an exam. 試験の前はいつも神経がぴりぴりになるんだ。

221

tide
[táid]

【名】潮、風潮、盛衰

怠惰な**風潮**がある

オフィスに溢れる仕事をしない人々

A: Now we're getting out of a bad sales slump.
B: Yes, the tide is beginning to turn.

A: 販売不振から抜け出せそうだよ。
B: はい、**流れ**が変わりつつあります。

関連語句 ● Time and tide wait for no man. 光陰矢のごとし（ことわざ）

222

token
[tóukən]

【名】しるし、記念品、形見、代用硬貨

遠くに行く君に**記念品**

空港で記念品を相手に渡す男性

A: Here's a small something as a token of my gratitude.
B: Oh, thank you.

A: これ、ほんのお礼の印にどうぞ。
B: まあ、ありがとう。

関連語句 ● in token of ~ ～の印に ● In token of our friendship, please accept this pendant. 友情の証にこのペンダントを受け取ってください。

LEVEL 1

223 treat
[tríːt]

【他動】〜を取り扱う、〜を治療する

怪我した**鳥いと**も簡単に**治療する**

心配ないという獣医と安心する飼い主

A: Our boss always treats us with respect.
B: That's why she is popular among staff members.

A: 私たちの上司はいつも私たちに敬意を持って**接してくれる**んだ。
B: だから、彼女はスタッフの間で人気があるのですね。

関連語句 ● This is my treat. = I'll treat you. 私がおごります。

224 treatment
[tríːtmənt]

【名】治療、取り扱い

鳥と面と向かって**治療する**

真顔で鳥を診察する医師

A: Why are you getting so angry?
B: I never expected such treatment at a bank window.

A: なぜあなたはそんなに怒っているのですか？
B: 銀行の窓口でこんな**扱い**を受けるとは予想もしていませんでした。

関連語句 ● treatment for ~ 〜の治療　treatment for cancer / depression / infertility / asthma ガン治療 / 鬱の治療 / 不妊治療 / ぜんそくの治療

225

upset
[ʌpsét]

【他動】〜をうろたえさせる
【形】取り乱した
【名】心の乱れ、不調

アップセットしたヘア、**うろたえさせる**

髪を高くアップした母に見とれる父と息子

A: She looked upset by your remark.
B: Oh, did I say something wrong?

A: 彼女はあなたの言ったことに**気を悪くした**みたい。
B: ええ、僕何か悪いこと言った？

関連語句 ● upset the apple cart 計画をだめにする

226

urge
[ə́:rdʒ]

【他動】〜をせきたてる、〜を強要する
【名】強い衝動

アー時間がないと**せきたてる**

鏡で化粧中の妻をせき立てる夫

A: How did you close the contract?
B: I just urged them to take prompt action.

A: どうやって契約をまとめたんだい？
B: ただ、彼らに早く行動を起こすよう**促した**だけなんだけど。

関連語句 ● at someone's urging（人に）せき立てられて　● I went to an audition at my mother's urging. 母の強い希望でオーディションを受けに行った。

LEVEL 1

227 urgent
[ə́:rdʒnt]
【形】緊急の

あぜんとするほど**緊急である**

現地に着いた瞬間に戻ってこいと言われる会社員

A: Get back to the office right away. It's urgent!
B: What's the matter now?

A: すぐに会社にもどってくれ。**緊急事態**だ！
B: 今度は何が起きたのですか？

関連語句　● urgent treatment 緊急治療

228 variety
[vəráiəti]
【名】多様性

バラいやっていう人もいる**多様性**

バラを差し出されて苦い顔の女性

A: I'm looking for a digital camera.
B: We have a great variety to choose from.

A: デジタルカメラを探しています。
B: **さまざまな**タイプがありますよ。

関連語句　【形】various 多様な　● I got to know a lot of people from various companies at the party. パーティーでいろいろな会社の大勢の人と知り合いになった。

229

vehicle
[víːəkl]

【名】乗り物

乗り物に乗って遊**びー来る**

かっこいいスポーツカーに乗ってきた男女、迎える友人

A: A newsflash?
B: Yes, seven vehicles got involved in a traffic accident!

A: ニュース速報？
B: うん、7**台**が絡む交通事故だって！

関連語句 ● construction vehicle 建設車両

230

visual
[víʒuəl]

【形】視覚の、目に見える

美女歩いてるの**目に見える**？

遠くを歩いている美女を指差している男性とその友人

A: We'd like to make a commercial film with visual impact.
B: All right. Let's rack our brains.

A: **視覚的に**インパクトのある商業映画を作りたいんだ。
B: わかった。知恵を絞り合おう。

関連語句 【名】vision 視力、先見性 ● tunnel vision 視野狭窄、視野が狭いこと（比喩的にも使われる）

LEVEL 1

231 voyage
[vɔ́iidʒ]

【名】船旅、航海
【自動・他動】航海する、(船、空の)旅をする

航海中に起きた**ぼやじゃ**

海の真ん中でひとつの窓から炎が出ている船

A: The Titanic sank during its maiden voyage.
B: Yeah, how tragic it was!

A: タイタニック号は処女**航海**中に沈没した。
B: うん、何て悲劇的なんだ！

関連語句 ● Bon voyage. ごきげんよう、道中ご無事に。

232 wage
[wéidʒ]

【名】賃金
【他動】(戦争などを) 行なう

上維持したい**賃金**

賃金が書かれたポスターを見て安心している労働者

A: Those people are working for less than the legal minimum wage.
B: Some employers are exploiting the workers.

A: その人たちは法定最低**賃金**にも満たない額で働いている。
B: 労働者を雇用側が食い物にしているな！

関連語句 ● wage war 戦いを始める

233 yield
[jíːld]

【他動】利益を生む、譲る
【自動】産出する
【名】産出高、利回り

いーると、利益産む人が

証券取引所ビルの前で株券を手にニンマリする男性

A: I bought my company's own stocks.
B: They might yield large profits.

A: 自社株を買ったんだ。
B: 大きな利益になるかもしれないよ。

関連語句 ● yield to ~ ～に屈服する ● Jessica yielded to the temptation of sweets in front of her eyes. ジェシカは目の前の甘いものの誘惑に負けた。

帰ってきた語呂 Part I

編み出した語呂合わせは 2000 以上。そのなかから、TOEIC 頻出語彙を厳選した結果、比較的覚えやすい語呂の多くがボツとなりました。空いたスペースを利用して、20個だけ復活させましたので、ぜひこちらも参考にしてください。索引には入っていません。(Part II は 227 ページに掲載)

amass	【他動】～を蓄積する	**余す**とこなく**蓄積する**
harass	【他動】～を悩ます	**腹す**かせた人**を悩ます**
hub	【名】中枢	**羽生**は将棋界の**中枢**
jest	【名】冗談	**冗談じぇすと**言われても…
miser	【名】守銭奴	「**ま、いざ**となったら出す」と言いつつ絶対金を出さない**守銭奴**
summon	【他動】～を呼び出す	「**さ、門**までおいで」と**呼び出す**
thug	【名】悪党	**悪党**が何か**さぐ**っている
thunder	【名】雷	**カミナリさんだー**！
worm	【名】ミミズ	**ワー**無理、**ミミズ**は苦手
wholly	【副】完全に	このお**堀、完全に**水枯れてるし

LEVEL

2

⟨Intermediate⟩
覚えておきたい頻出語

234 ~ 449

234

absurd

[əbsə́:rd]

【形】ばかばかしい

アブ、さーとこ？と**ばかげた**
追跡

アブを虫眼鏡で探す女

A: I'm thinking of setting up a venture business.
B: That's absurd. How can you raise the capital?

A: ベンチャー企業を立ち上げたいんです。
B: **ばかな**！どうやって資本金を集めるんだい。

関連語句 【名】absurdity ばかばかしさ　● absurd rumor ばかげた噂　● absurd play 不条理劇

235

accelerate

[əksélərèit]

【他動】～に拍車を掛ける
【自動】加速する

「**アクセルら（だっ）て！**」と言われてスピード**加速する**

後部座席の人から、せかされるドライバー

A: Now that we are enjoying the strong yen, we should accelerate an import drive.
B: We don't have to rush.

A: 今、円高なので、輸入を**加速させる**べきだと思います。
B: 急ぐ必要はない。

関連語句　● accelerate bad-loan disposals 不良債権処理を加速させる　● accelerate growth 成長を加速させる【反】decelerate 減速する

LEVEL 2

236 accommodate
[əkάːmədèit]

【動】(人を)泊める、〜を収容する、〜の便宜を図る

アッコもデート？では、**お泊め**します

ショートカットの女性と連れが旅館の前にいる

A: How many guests can this hotel accommodate?
B: 1,000 people, sir.

A: このホテルには何人**宿泊できますか**？
B: 1000人でございます。

関連語句 【名】accommodation 宿泊設備、解決、便宜　● We have already arranged accommodations for you. 宿泊についてはすでに手配してございます。

237 accumulate
[əkjúːmjəlèit]

【他動】〜を蓄積する
【自動】蓄積する

アー今日も冷凍食品どんどん**蓄積しよう**

冷凍食品のつまった冷蔵庫を前にした主婦のひと言

A: Why did B corporation go bankrupt?
B: I heard they were unable to clear their accumulated losses.

A: なぜB社は倒産したのですか？
B: 彼らは**累積**赤字をなくすことができなかったそうだよ。

関連語句 【名】accumulation 蓄積

238

accuracy
[ækjərəsi]
【名】正確さ、精密度

この金庫、**あきゅ（く）らしい**、**精密さ**があれば。

金庫を前に数字を思い出そうとしている男

A: Did you check the accuracy of these figures?
B: Yes, I double-checked it.

A: この数字の**精度**は確かですか？
B: はい、2重にチェックしております。

関連語句 【形】accurate 正確な ● His analysis is pretty accurate. 彼の分析は正確だ。
【副】accurately 正確に

239

acknowledge
[əkná:lidʒ]
【他動】～を事実と認める、～に同意する

悪なり！じっとみて、**認識する**

手配写真を見て、これは悪人と認識する女性

A: You should acknowledge your failure.
B: Why? This is their fault, not mine.

A: 君は失敗を**認めた**方がいいよ。
B: どうして？ これは彼らの間違いで、僕のじゃない。

関連語句 【名】acknowledgement 確認、承認 ● letter of acknowledgement 承認書

LEVEL 2

240

acquaint
[əkwéint]

【他動】～を知らせる、～を紹介する

あー食えんと人に**知らせる**

その料理はまずくて食べられないと知らせる人

A: How are the new employees doing?
B: They got acquainted with the routine pretty quickly.

A: 新人はどうですか？
B: 彼らは、手順をすぐに**覚えました**。

関連語句 【形】acquainted 知識のある、顔見知りで　● get acquainted with ~ ～と知り合いになる、～を熟知する

241

acquisition
[ækwəzíʃən]

【名】獲得、入手

悪意でしょ（ん）、その**買収**

悪巧みをするふたりに疑惑の目を向けてひと言

A: The company spent about 300 million dollars on acquisitions last year.
B: That's why we have to make do with a low budget this year.

A: 会社は、昨年**買収**で3億ドルを使った。
B: だから、今年は低予算でやっていかなければならないのか。

関連語句 ● mergers and acquisitions = M&A　企業などの合併吸収

242 acute
[əkjúːt]

【形】鋭い、深刻な

お灸というのは**鋭い**痛みがある

お灸を据えられて、痛みに耐える男

A: Unemployment has become acute recently.
B: The government has started taking measures against the problem.

A: 失業状態は、最近**深刻に**なっている。
B: 政府は問題に関して対策を取り始めたよ。

関連語句 ● acute alcoholism 急性アルコール中毒

243 advertise
[ǽdvərtàiz]

【他動】（新聞・雑誌・テレビなどで）〜を広告する、〜の広告を出す

あのバッタいずこにと**広告を出す**

迷子のバッタのポスター

A: We have to recruit a new accountant.
B: Shall we advertise in the newspaper?

A: 新人を雇わなくてはなりません。
B: 新聞に**広告を出し**ますか？

関連語句 ● advertising agency 広告会社

LEVEL 2

244 advocate
[ǽdvəkèit]

【他動】主張する、唱道する
【名】擁護者、支持者

あのボケーと言いつつ**擁護する**

できの悪そうな子どもの頭をなでる人

A: Which candidate are you planning to vote for?
B: Mr. Sakai. He advocates a reduction in class size.

A: どの候補者に投票しようとしている？
B: 酒井さんだよ。彼は1クラスの人数削減を**主張している**んだ。

関連語句 ● play devil's advocate 議論のためにわざと反論する

245 agenda
[ədʒéndə]

【名】議題、議事日程

唖然だ、**議題**はないのか

議題が真っ白で、唖然とする人たち

A: I'm glad that our Prime Minister put environmental issues high on his agenda.
B: Right. It has become a global issue.

A: 総理大臣が、環境問題を**議題**の重要事項にしてうれしいよ。
B: そのとおり。世界規模の問題だからね。

関連語句 ● campaign agenda 選挙公約

246

alarm
[əláːrm]

【他動】～をはっとさせる、～に警報を発する
【名】突然の恐怖、警報

あらー、もう！**びっくりさせるんだから**

うしろから不意に肩たたかれ驚く相手

A: The exporters are alarmed by the recent appreciation of the yen.
B: No wonder. It's a matter of life and death.

A: 輸出側は最近の円高に**恐れを抱いている**よ。
B: 無理もない。死活問題だからね。

関連語句 ● alarm clock 目覚まし時計 ● at an alarming rate 驚くべき速さで
● false alarm 誤認警報、デマ

247

allocate
[ǽləkèit]

【他動】～を割り当てる、～を配分する

ここに**ある毛糸**をみんなに**割り当てる**

毛糸をみんなに分け与える人

A: We've agreed to allocate funds for new projects.
B: Thanks. We'll do our best.

A: 新しいプロジェクトに予算を**配分する**ことで合意しました。
B: ありがとう。最善を尽くします。

関連語句 【名】allocation 配分、割り当て ● budget allocations 予算配分

248

ambassador
[æmbǽsədər]

【名】駐在大使

大使の特技は**あん馬さ、どう**？

大使があん馬をしている

A: It looks like public safety in that country is getting worse every day.
B: The government has called home our ambassador.

A: あの国の治安は日々悪化しているようですね。
B: 政府は我が国の駐**大使**を本国に呼びましたよ。

関連語句 ● ambassador to Japan 駐日大使

249

analysis
[ənǽləsis]

【名】分析、解析

あんな利子すこしとは…**分析**
必要

通帳を見て困った顔をしている人

A: This data will need further analysis.
B: I'll take care of that.

A: このデータはさらに**分析**が必要だ。
B: 私がなんとかします。

関連語句 【他動】analyze ～を分析する、～を解析する

250 annoy
[ənɔ́i]

【他動】（人を）イライラさせる、困らせる
【自動】イライラさせる

あの家の人私を**悩ます**

お節介がすぎる隣家のおばさんを指さす女性

A: You look annoyed. What's wrong?
B: I've just heard that the train will be delayed for over an hour.

A: 君、**イライラしている**みたい。どうしたの？
B: 電車が1時間以上遅れるらしい。

関連語句　【名】annoyance いらだたしさ、頭痛のタネ

251 anonymous
[ənάːnəməs]

【形】匿名の、無記名の

あの2マスが名もなく**匿名**

名簿の2マスだけ、匿名になっている

A: Was the article bylined or was it anonymous?
B: It's bylined. He is a well-known columnist.

A: その記事は記名してある、それとも**無記名**？
B: 記名してある。彼はよく知られたコラムニストだよ。

関連語句　【名】anonymity 匿名　● The man talked on the condition of anonymity. その男性は、匿名の条件で話した。

LEVEL 2

252 applicant
[ǽplikənt]
【名】応募者、申込者

あっぱれ、敢闘、応募者たち

面接に来た人々に感心する社員

A: Why don't you apply for the post?
B: Let me see ... No, it says applicants must have a bachelor's degree.

A: この仕事、応募してみれば？
B: えっとね…だめだ、これ、**応募者**は大学卒じゃなきゃだめだって書いてある。

関連語句 ● jobs-to-applicants ratio 有効求人倍率

253 architect
[á:rkətèkt]
【名】建築家、設計者

飽ーきてきた、建築家の仕事

建築家があくびをかいている

A: Shall we go ahead with the project?
B: Hold on. I'm not satisfied with the architect's design.

A: このプロジェクトを進めてもいいですか？
B: 待って。私はこの**建築家**のデザインに満足していない。

関連語句 【名】architecture 建築、建築様式

254 associate
[əsóuʃièit]

【自動】付き合う、提携する
【他動】〜と（〜を）結び付ける
【名】友人、知人

明日教えーて、とたのまれ**付き合う**

教科書を持って「明日ね」という女性にうなずく男性

A: I don't want you to associate with those kids.
B: Mom, they aren't bad boys.

A: あの子たちと**付き合って**ほしくないわ。
B: おかあさん、彼らは悪い子じゃないよ。

関連語句 【名】association 協会、交友関係

255 asset
[ǽset]

【名】貴重品、資源、とりえ、assets〔複〕で資産

焦ったー、**貴重品**無事だった

火事の焼け跡で無事な金庫を見てほっとしている人

A: Do you exercise regularly?
B: Of course. My health is my greatest asset.

A: 定期的に運動していますか？
B: もちろん。健康が私の最大の**とりえ**ですから。

関連語句 ● fixed asset tax 固定資産税

LEVEL 2

256 assign
[əsáin]

【他動】〜を割り当てる、〜を任命する

浅いん思慮だな、彼を**任命す る**とは

張り切る男の影でニヒルに笑う男

A: I've been assigned to the Osaka branch.
B: Can you go alone? I want to stay here with the children.

A: 大阪支所に**配属になった**よ。
B: 1人で行ける？私は子どもたちと一緒にここにいたい。

関連語句 【名】assignment 任務、課題

257 astonish
[əstá:niʃ]

【他動】（人を）ひどく驚かせる

明日にしよう**驚かす**のは

突然の妻へのプレゼントを渡すタイミングを計る夫

A: I'm astonished to hear that Masao had a sex-change operation.
B: Same here!

A: 正夫が性転換手術を受けたって聞いた時は**驚いた**よ。
B: 私も！

関連語句 【名】astonishment 驚き　● To my astonishment, the fighter stood up as if nothing happened. 驚いたことに、男は何事もなかったかのように立ち上がった。

258

audit
[ɔ́:dət]

【名】会計検査、監査（報告書）
【他動】～の会計監査をする

会計監査を―ジッと待つ

監査の人を、おそるおそる見守る人

A: Do you know what happened after the yearly audit?
B: I heard some questionable expenses were revealed.

A: 年次**監査**の後、なにが起きたか知ってる？
B: いくつか疑問の余地がある出費が見つかったらしいです。

関連語句 【名】auditing 会計監査

259

autonomy
[ɔ:tá:nəmi]

【名】自主性、自治権

夫のみに頼らず**自主性**を

主婦たちの団体交渉

A: At this school, we value students' autonomy.
B: But the students have to wear uniforms, don't they?

A: この学校では、生徒の**自主性**を重んじています。
B: でも生徒は制服を着なきゃいけないのですよね。

関連語句 【形】autonomous 自立した、自治の　● autonomous learning. 自立的学習

LEVEL 2

260 bachelor
[bǽtʃələr]

【名】学士号、未婚男子

学士号もち**独身オトコ**なら
バッチェリらー！

東大卒の男性に見とれる女性

A: This position requires a bachelor's degree.
B: Good. I'm eligible.

A: この職は、**学士号**が必要だ。
B: やった！ 僕には資格がある。

関連語句 ● business bachelor 単身赴任者

261 ballot
[bǽlət]

【自動】投票する
【名】投票用紙、候補者名簿
the ballot 投票権

投票用紙く**ばろっと**

投票所で投票用紙を配る人

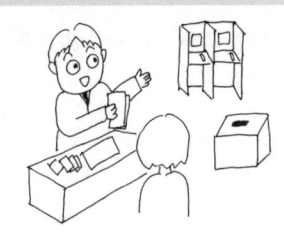

A: There are three candidates this year.
B: Who are you going to cast a ballot for?

A: 今年は3人の候補者がいる。
B: だれに**投票する**？

関連語句 ● absentee ballot（ing）不在者投票

262

barren
[bérən]

【形】不毛の、不妊の
【名】不毛の地、荒れ地

不毛なところで何しても
バレん

荒野の真ん中で賭博している男たち

A: The tsunami disaster left the land completely barren.
B: Yes, I know. I saw it on TV.

A: 津波の被害でその土地は完全に**荒れ地**となった。
B: うん、テレビで観た。

関連語句 【反】fertile 肥沃な、繁殖力のある

263

bid
[bíd]

【他動】(金額を)付ける、(人に〜するように)命じる【自動】入札する
【名】入札、競売価格

競売価格**微動**だにせず**命じる**

直立不動で何かいいつける上司を見て影で笑う部下

A: I want to buy a foreign car, but it's so expensive.
B: Why don't you try bidding at an auction?

A: 外車を買いたいんだが、高くてね。
B: オークションで**入札して**みれば?

関連語句 ● I bid you farewell. さようなら。

134

LEVEL 2

264 boost
[búːst]

【他動】～を押し上げる、～を促進する
【名】上昇、景気づけ、値上げ

ブスと言われ怒り **上昇**

ブスと言われて怒り心頭の女性

A: How are we going to boost our sales?
B: Well, how about internet advertising?

A: どうやって売り上げを**増やしましょうか**？
B: じゃ、インターネットに広告を出してみましょうか。

関連語句　● muscle booster 筋肉増強剤（一般的には steroids（ステロイド）が使われる）
　　　　　● booster 追加接種

265 bounce
[báuns]

【自動】はずむ、(bounce back で) 回復する
【他動】～をはずませる

婆、運送されながら**はずむ**

おばあさんが軽トラに乗せられ、でこぼこ道を揺られている

A: How is Jack? I heard he had an operation.
B: He bounced back as usual.

A: ジャックはどう？　手術を受けたと聞いたけど？
B: **元気になって**、もういつも通りだよ。

関連語句　● That's the way the ball bounces. 世の中はこんなものです。

266

breakthrough 【名】突破口、成功
[bréikθrù:]

無礼講する？　飛躍的進歩！

宴会の席で上司と肩を組み褒められている若手社員

A: This game console will be the breakthrough for us.
B: Yes. We can beat Nintendo with this.

A: このゲーム機はわれわれにとっての**突破口**になるだろう。
B: そうだね。これでニントンドーに勝てる。

関連語句　● breakthrough innovation 画期的革新

267

brisk 【形】元気の良い、活発な
[brísk]

活発で**元気いいブリ好き**！

活きのいいブリを見て喜ぶ漁師

A: Walking at a brisk pace will be a good workout.
B: Why don't we take a walk now?

A: **早足**で歩くと良い運動になるよ。
B: 今、散歩に行こうか。

関連語句　【副】briskly 活発に　● The conomy is growing briskly. 景気は活発に成長している。

LEVEL 2

268 brochure
[brouʃúər]

【名】パンフレット、概要書

この**葡萄酒**は**パンフレット**に載ってる

パンフレットにのっているワイン

A: Do you have a brochure for this tour?
B: Sure. Here it is.

A: このツアーの**パンフレット**ありますか？
B: もちろん。どうぞ。

関連語句　● company brochure 会社概要　● product brochure 製品カタログ

269 bulk
[bʎlk]

【名】大量、かさ
【自動】かさばる

おおきくてかさ**ばるく**らい**大量**

大量の荷物をもった旅行者

A: Why did you buy toilet paper in bulk?
B: There was a discount for bulk purchases.

A: どうして、そんなに**大量**のトイレットペーパーを買ったの？
B: 大量購入すると割引があったんだ。

関連語句　【形】bulky かさばる 【副】bulkily かさばって

270

candidate
[kǽndədèit]

【名】候補者、志願者

幹事、デート相手は**立候補者**

立候補している女性に付きそう男性幹事

A: Who is the favorite candidate for the post?
B: Let's wait for the result of the final interview.

A: この職につく一番の**候補者**は誰ですか？
B: 最終面接の結果を待ちましょう。

関連語句　【名】candidacy 立候補　● announce one's candidacy 立候補を発表する

271

capital
[kǽpətl]

【名】資本、首都、大文字
【形】主要な、資本の、大文字の、死刑に値する

キャーぴったり、**主要な**、**資本**に

通帳の金額を見て、喜んでいる人

A: I'm going to start up my own business.
B: Do you have enough capital?

A: 私、自分の仕事を立ち上げようと思っているの。
B: 十分な**資本金**はあるの？

関連語句　● with a capital ~ 全くの、本物の（~に強調したいことの頭文字を入れる）

LEVEL 2

272 cater
[kéitər]

【自動】料理を提供する、要求に応じる
【他動】〜に仕出しをする、〜を提供する

携帯(電話)で注文に**応じる**

携帯で注文する女性

A: This supermarket has started to cater to individual needs.
B: I know. I've already placed an order.

A: このスーパーは、個々のニーズに**応じる**ことにしたんだよ。
B: 知ってる。もう注文したんです。

関連語句 【名】catering ケータリング、出前 ● I'm in the catering business. 私は仕出し業に従事しています。

273 CEO
[síːìːóu]

【名】chief executive officer 最高経営責任者

恣意を押しつける**最高経営責任者**

経営者の演説をうんざりして聞く社員たち

A: How friendly our CEO is!
B: He is also known to be a tough negotiator.

A: ここの **CEO** はとっても親しみやすいよね。
B: 彼はしたたかな交渉相手としても知られているんだよ。

関連語句 ● bring in a new CEO 新しい CEO を迎える

274 circulation

[sə̀:rkjəléiʃən]

【名】発行部数、血行、(空気や水の)循環

さあ9連勝めざせ**発行部数**

発行部数一位を目指し、編集会議をしている人々

A: We have the largest daily circulation in Japan.
B: We should keep our eyes open. The competition is intense.

A: 我が社は日本で1日の**発行部数**がトップだ。
B: 気を抜かない方がいいよ。競争は激しいから。

関連語句　【自・他動】circulate 循環する、〜を循環させる　● Don't circulate false rumors about me. 私についてのデマを流さないでください。

275 clause

[klɔ́:z]

【名】条項、箇条

黒ずんできた**条項**の紙

「TOEICに関する条項」の紙が黒ずんでいる

A: That's not fair.
B: Here, this clause says, "We split the cost".

A: それ公正じゃない！
B: 見てください、この**条項**を。「費用は折半」とありますよ。

関連語句　● Super 301 clause of the Omnibus Trade Act スーパー301条（アメリカ合衆国の対外制裁条項のひとつ）

LEVEL 2

276

coalition
[kòuəlíʃən]

【名】提携、連携

凍りしょんな提携関係

難しい提携関係を模索する2つのグループ

A: What do you think of current coalition government?
B: I'm not sure. Let's hope this one is better than the last one.

A: 今の**連立政権**どう思う？
B: よくわからない。前のより長続きすることを願おう。

関連語句 ● coalition partner 連立相手

277

coherent
[kouhíərənt]

【形】首尾一貫した

「コーヒーいらん」といつも**首尾一貫してる**

差し出されたコーヒーを断る女性

A: Paul, you should rewrite it.
B: You mean, it's not coherent yet?

A: ポール、これは書き直した方がいい。
B: ていうことは、まだ**首尾一貫していませんか**？

関連語句 【自動】cohere 首尾一貫する 【副】coherently 倫理的に ● Try to speak coherently. 論理的に話すよう努めなさい。

278

coincide
[kòuinsáid]

【自動】同時に起こる、一致する

(銀)**行員再度**勘定**一致させる**

必死でお金の勘定をする銀行員

A: I took some days off to coincide with my daughter's spring vacation.
B: She'll be very happy to hear that.

A: 娘の春休みと**合わせて**休みを取ったんだ。
B: それを聞いたらきっと喜ぶよ。

関連語句 【名】coincidence 偶然の一致　● What a coincidence! 何て偶然なんでしょう！

279

colleague
[ká:li:g]

【名】同僚、仲間

これーぐらいの仕事でへこたれる**同僚**

汗してへばっている同僚たち

A: I saw you walking with a woman with long hair.
B: She's just one of my colleagues.

A: 君が髪の長い女性と歩いているのを見たよ。
B: 彼女は僕の**同僚**にすぎないよ。

関連語句　【類】associate 同僚

280

collide
[kəláid]

【自動】ぶつかる、衝突する
【他動】〜を衝突させる

空井戸に**衝突**

古くさい井戸にぶつかるうさぎ

A: Last night, a speeding car nearly collided with mine.
B: That's scary!

A: 昨晩、スピードを出した車がもう少しで私の車と**衝突する**ところだったんだ。
B: 怖いね！

関連語句 【名】collision 衝突 ● I saw a collision at the intersection. 交差点で車の衝突事故を見た。

281

commend
[kəménd]

【他動】〜を褒める

こめんどくさくても**ほめる**

カラオケボックスでめんどくさそうに拍手する人

A: My friend Kate saved a man from drowning in the sea.
B: I'd like to commend her for her courage.

A: 友達のケイトが海でおぼれかかった男性を助けたんです。
B: 彼女の勇気を**称えたい**ね。

関連語句 【形】commendable 賞賛に値する ● He behaved in a commendable manner. 彼は殊勝な態度で振る舞った。

282

commodity
[kəmá:dəti]

【名】生活必需品、商品

子も出て行く、**生活必需品**のため

リュックを背負い出て行く子ども

A: What was the main cause of such a slow economy?
B: I think it's the worldwide plunge in commodity prices.

A: 停滞した経済の一番の原因は何ですか？
B: **物**価の世界的下落だと思います。

関連語句　● agricultural commodity 農産物

283

commute
[kəmjú:t]

【自動】通勤する、通学する
【名】通勤、通学

混むーとこまる日々の**通勤**

通勤ラッシュに苦しむ会社員

A: How long does it take to commute?
B: One hour each way.

A: **通勤する**のにどのくらいかかりますか？
B: 片道一時間です。

関連語句　【名】commuter 通勤者　● commuter allowance 通勤手当

LEVEL 2

284 compile
[kəmpáil]

【他動】～を編集する

編集して疲労**困憊ら**

連日の編集作業に疲れた様子の編集部員

A: These pieces of writing were compiled and edited by students.
B: They really did a great job.

A: この卒業文集は、生徒によって**編集された**んだ。
B: いい仕事をしたね。

関連語句　【名】compilation 編集　● compilation of a dictionary 辞書の編集

285 compose
[kəmpóuz]

【他動】～を作曲する、～を構成する

こんぽう（梱包）ずーっとしな
がら**作曲する**

荷物の梱包をしながら、作曲する人

A: Could you compose a piece of music for our campaign?
B: No problem. I like working with you.

A: われわれのキャンペーンのために**作曲して**もらえませんか？
B: 問題ありません。皆さんとの仕事するのは好きですから。

関連語句　【名】composer 作曲家

286 conceal
[kənsíːl]

【他動】（事実や情報などを）隠す

こん（な）シールは**隠す**！

いかがわしいシールの上に大きな紙を貼ろうとしている人

A: Try using these cosmetics. You can conceal any of your flecks and spots.
B: But it's 18,000 yen a bottle? Sorry, I can't afford that.

A: この化粧品を使ってごらん。そばかすもシミも全部**隠してくれる**よ。
B: 一本、1万8千円？ごめん、とても買えないわ。

関連語句 【名】concealer コンシーラー　●I put concealer under my eyes. 目の下にコンシーラーを塗った。

287 concession
[kənséʃən]

【名】譲歩、妥協

この折衝では**譲歩**

折衝相手に譲歩を伝える会社員

A: We'd better make a concession to the employees at this time.
B: Yes. Raising workers' morale is very important.

A: 従業員たちに今回は**譲歩**した方がいいですよ。
B: うん。労働者のやる気をあげることはとても重要だからね。

関連語句 【自・他動】concede 譲歩する、（敗北を）認める　●He conceded the race. 彼は選挙で自分の負けを認めた。

288 conflict
[ká:nflikt]

【名】衝突、紛争
【自動】対立する

コーンフリーク取り合い **衝突**

コーンフレークを取り合う子どもたち

A: What is the cause of the conflicts between the two countries?
B: Mainly ethnic and religious differences.

A: 2カ国間の**対立**の原因は何ですか？
B: 主に、民族と宗教の違いでしょう。

関連語句 【類】confrontation 敵対（戦争には至らない）

289 consensus
[kənsénsəs]

【名】意見の一致、世論

混戦さすことで**意見の一致**

何かたくらんでうなずき合う男たち

A: Could we change some terms of the contract?
B: I thought we'd already reached a consensus.

A: 契約の条件、少し変えることはできませんか？
B: もう**意見の一致**をみたと思ったのですが。

関連語句 ● by consensus 総意で、全会一致で ● The draft was adopted by consensus. 草案は全会一致で採択された。

290 consume
[kənsjúːm] 【他動】〜を消費する、〜を費やす

今週もたくさん**消費する**

大きな買い物袋を下げたおばさん

A: Commuting consumes much of my time and energy.
B: No wonder. You need to change trains twice.

A: 通勤で時間とエネルギーを**消費する**よ。
B: 無理もないよ。電車を2回も乗り換えなければならないんだから。

関連語句 【名】consumption 消費　● consumption tax 消費税

291 contaminate
[kəntǽmənèit] 【他動】〜を汚染する、〜を汚す

汚染する魂胆見ねーと

工場の横で汚い煙に目をつぶろうとするものの、ちらっと見ようとしている人

A: This river has been contaminated by domestic wastewater.
B: We're all partly responsible for environmental pollution.

A: この川は生活排水で**汚染された**のです。
B: 私たちは環境汚染に責任を負っているのですよね。

関連語句 【名】contamination 汚れ、汚染

LEVEL 2

292

contract
[ká:ntrækt]

【名】契約、規約

紺(の)トラクター買う**契約**

トラクターの契約書

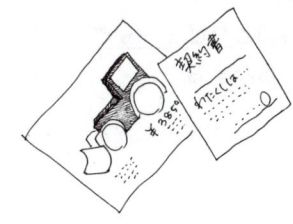

A: Are you going to sign the contract?
B: Could I think it over?

A: **契約**にサインしますか？
B: もう少し考えさせてくださいますか？

関連語句 ● contract employee 契約社員

293

contradict
[kà:ntrədíkt]

【他動】〜と矛盾している

このトラで苦闘？**矛盾してる**

檻に入れられたネコの捕獲に苦労する飼育員

A: Your ideals and your behavior contradict each other.
B: In what way, sir?

A: あなたの理想と行動は**矛盾しています**。
B: どういう風にでしょうか？

関連語句 ● contradiction between words and actions 言行不一致 ● The contradiction between words and actions ruins trust. 言行不一致は信頼を損ねる。

294

contribute
[kəntríbjuːt]

【他動】〜を寄付する、〜に貢献する
【自動】貢献する、寄付する

こうのとりビューッと、赤ちゃんを**貢献する**

コウノトリがびゅーっと子どもを運んで飛んでくる

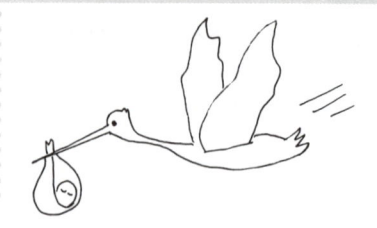

A: Let me contribute some of my savings to this charity.
B: We appreciate your kindness very much.

A: この慈善事業に蓄えの一部を**寄付します**。
B: ご親切に感謝します。

関連語句 【名】contribution　● blood contribution 献血

295

conviction
[kənvíkʃən]

【名】有罪判決、信念

こんび（ち）くしょん、**有罪判決**だ

有罪を告げられ、ちくしょうという表情の被告

A: Are you going to appeal the conviction?
B: No, I'll accept it.

A: **有罪判決**を控訴しますか？
B: いいえ、受け入れます。

関連語句 【他動】convict（人に）有罪判決を出す　● He was convicted of murder. 彼は殺人で有罪となった。

LEVEL 2

296

correspondence 【名】通信、一致
[kɔ̀:rəspá:ndəns]

これスッポンです、という**通信**

スッポンの生態を伝える通信文

A: Did you register for a business correspondence course?
B: I'm still thinking about it. Did you?

A: 商業**通信文**講座、申し込んだ？
B: まだ考えているところ。あなたは？

関連語句 【名】correspondent 特派員、文通相手

297

costly 【形】費用がかかる、値段が高い
[kɔ́stli]

子すとり（ひとり）でも**費用がかかる**！

子どもの養育費を心配する両親

A: I gave up building a house with a central heating system.
B: Is the system too costly to run?

A: セントラルヒーティングがついた家を建てることはあきらめたよ。
B: それは維持費が**高い**からかい？

関連語句 【類】expensive 費用がかかる

151

298

courteous 【形】礼儀正しい、丁寧な

[kə́ːrtiəs]

「**買うてやす**！」と**礼儀正しい**
京女

京都の土産物屋で、丁寧に八つ橋を勧める女性

A: This is the best restaurant around here.
B: I like their courteous service, too.

A: ここがここら辺で一番おいしいレストランです。
B: 私は彼らの**礼儀正しい**サービスも好きです。

関連語句 【名】courtesy 丁重さ、親切 ● courtesy call 表敬訪問 ● courtesy car [bus] 送迎車（バス）

299

coverage 【名】報道、取材、補償範囲

[kʌ́vəridʒ]

そんな**報道**ではあの人浮**かばれじ**

新聞記事を見て、被害者の事を思う人

A: Which insurance should I buy?
B: I heard ABC Insurance has the best coverage.

A: どの保険を買えばいいんだろう。
B: ABC 保険が一番**補償**がいいって聞いたよ。

関連語句 【他動】cover 〜を報道する ● The journalist has been covering the abduction issue for years. そのジャーナリストは拉致問題を何十年も取材し続けている。

LEVEL 2

300

cozy
[kóuzi]

【形】居心地いい、親密な

工事現場が**居心地いい**？

現場で居心地良さそうにくつろぐ作業員

A: Nothing makes me feel cozier than sleeping with my pet dog.
B: I hope your dog feels the same way.

A: ペットの犬と一緒に寝ることほど**居心地良い**ことはない。
B: ペットも同じように感じていると良いけど。

関連語句　● cozy relationship なれ合い、癒着

301

decent
[dí:snt]

【形】きちんとした、上品な

きちんとした、じーさんと会う

きちんとした身なりのおじいさんを前に思わず頭を下げる若者

A: What's your dream?
B: I just want to have a decent life.

A: 君の夢は？
B: **きちんとした**生活を送ることです。

関連語句　【名】decency 礼儀、品の良さ　● He should have apologized with decency.
彼は礼儀正しく謝罪するべきだった。

302

delete
[dilíːt]

【他動】〜を削除する、〜を消去する

デレーっとしてたら**削除する**

でれーっとした男はお断り

A: I deleted an important document by mistake.
B: It happens. Do you have a backup?

A: 間違って重要な文書を**削除して**しまった！
B: そういうことは良くある。バックアップデータは取ってあったの？

関連語句 【形】deleted 削除された　● There's no use worrying about deleted documents. 削除した文書のことでくよくよしてもしょうがない。

303

deliberate
[dilíbərət]

【形】慎重な、手の込んだ
【自動】熟考する、討議する
【他動】〜を熟考する

出入りバレっとまずい、**慎重に**考えよう

彼女の家に入ろうとして躊躇している男

A: This project needs a deliberate approach.
B: All right.

A: このプロジェクトは**慎重な**アプローチが必要なんだ。
B: わかった。

関連語句 【名】deliberation 審議、協議

LEVEL 2

304

descendant 【名】子孫
[diséndənt]

実践だ、うんと子孫残せ

子だくさんを実践する夫婦

A: We must leave natural beauty to our descendants.
B: Right, no more deforestation.

A: 子孫に美しい自然を残さなくてはね。
B: そう、もう森林破壊はやめなくては。

関連語句 【反】ancestor 祖先、先祖

305

destiny 【名】運命
[déstəni]

日本の運命、上昇中ですってねぃー

日本の明るい未来を語るふたり

A: Do you think I can change my destiny?
B: Well, at least you can fight it.

A: 私の運命、変えられると思う？
B: まあ、少なくても逆らうことはできるよ。

関連語句 【他動】destine 〜を運命づける ● It was destined to happen. そうなる運命だったんだよ。

306

detect
[ditékt]

【他動】〜を見つける、〜を見破る

出てきたのを**発見する**

穴から何かを引っ張り出して、喜ぶ人たち

A: My computer detected a virus on this site.
B: Thanks for the warning.

A: 私のコンピュータ、このサイトのウイルスを**検出した**よ。
B: 警告ありがとう。

関連語句　【名】detective 刑事、探偵　● detective story 探偵小説

307

dim
[dím]

【形】薄暗い
【自動】薄暗くなる
【他動】〜を薄暗くする

薄暗い部屋**でも**いい

薄暗い部屋で本を読んでる住人

A: Don't read in such a dim room.
B: Oh, I forgot to open the curtains.

A: こんな**薄暗い**部屋で読書してはだめですよ。
B: あ、カーテンを開けるのを忘れていた。

関連語句　● take a dim view of ~ 〜に対して懐疑的な見解を示す　● The critic took a dim view of the coalition government. その批評家は連立政権に対して懐疑的だ。

LEVEL 2

308 diplomat 【名】外交官
[dípləmæt]

デップリ大股の**外交官**

でっぷりとして大股の外交官

A: He turned out to be a spy disguised as a diplomat.
B: I should have known.

A: 彼は**外交官**に変装したスパイと判明した。
B: うかつだった。

関連語句 【形】diplomatic 外交上の、お世辞がうまい

309 disaster 【名】大災害、天災、大失敗
[dizǽstər]

災害でざーす、たーいへん！

大津波が襲ってきてあわてて逃げる人

A: I fell down and messed up my new suit. Later, I had my purse stolen.
B: What a disaster!

A: 転んで新しいスーツを台無しにしたんだ。その後、財布を盗まれた。
B: **最悪だね。**

関連語句 【形】disastrous 破壊的な、悲惨な

310 disclose
[disklóuz]

【他動】（秘密などを）暴露する、～を発表する

デスク、路上で**暴露する**ため原稿書き！

路上で告発の文章を書く会社員

A: Someone in the company disclosed the merger plan.
B: Whatever his purpose, he ruined everything.

A: 会社の誰かが合併計画の情報を**漏らした**んだ。
B: 目的はどうあれ、すべてをぶち壊してくれたね。

関連語句 【名】disclosure 暴露 ● disclosure of official information 情報公開

311 disguise
[disgáiz]

【名】変装、偽装
【他動】～を変装する、～を偽装する

そう**です、外人**に**変装**！

つけ鼻をつけて、金髪のかつらをかぶっている人

A: How did you become the victim of a bank transfer scam?
B: The guy disguised his voice as my son.

A: なぜ振り込め詐欺の被害者になったの？
B: あいつ、声色を変えて私の息子に**なりすました**んです。

関連語句 ● blessing in disguise 不幸に見えても結局は幸福となるもの

LEVEL 2

312 **disgust**
[disgʌ́st]

【名】嫌悪感、反感
【他動】(人に) 嫌悪感を起こさせる

字数がスッとおさまらない**嫌悪感**

原稿用紙とにらめっこしている人

A: He is always ordering me around.
B: You are not alone. Everyone's feeling disgust at his orders.

A: 彼はいつも私をこき使う。
B: 君だけじゃないよ。みんな彼の命令に**反感**を持っている。

関連語句 ● He gave me a look of disgust. 彼はむかつくような顔つきで僕を見た。
【形】disgusting うんざりさせる

313 **distinguish**
[distíŋgwiʃ]

【他動】(異なるものを) 区別する
【自動】見分ける、識別する

何**です？天狗いっしょ**にしないで**区別して**

大小の天狗のお面を一緒くたにする子どもを叱るお母さん

A: Can you distinguish the sound of "l" and "r"?
B: That's a piece of cake.

A: LとRの音の**区別できますか？**
B: そんなの簡単です。

関連語句 ● distinguish A from B　AとBを区別する　● Can you distinguish Yoko from her twin sister? あなたは陽子と彼女の双子の妹を区別することができますか？

314

distress
[distrés]

【名】苦悩、災難
【形】苦悩している
【他動】〜を苦しめる

自主トレっす、すごい**苦悩**

つらそうに自主トレする女性アスリート

A: I want to be a psychiatrist so I can help people in distress.
B: Then you have to study hard to enter medical school.

A: 精神科医になって、**悩んでいる**人々を助けたいです。
B: 医学部にはいるためにしっかり勉強しなきゃね。

関連語句 ● distress warrant 差し押さえ令状

315

diverse
[dəvə́ːrs]

【形】多様性のある、異なった

多様性に富むお**台場**ステキ！

お台場から望む東京名所

A: Why do you recommend studying abroad to students?
B: It will bring them diverse experiences.

A: なぜ学生に留学することを勧めるのですか？
B: それで**多様性のある**経験を得られるのですよ。

関連語句 【名】diversity 多様性 ● cultural diversity 文化的多様性

LEVEL 2

316 divorce
[divɔ́:rs]

【他動】〜を離婚させる
【自動】離婚する
【名】離婚

デブ多すぎ、**離婚**の相手

太目男性との結婚、離婚を繰り返す女性

A: Is she divorced? I'll ask her out then.
B: I don't think she's in the mood for that.

A: 彼女は**離婚した**の？じゃあデートに誘ってみよう。
B: そんな気分じゃないと思うよ。

関連語句 ● divorce in the family 家庭内離婚 ● divorce in the later years 熟年離婚

317 donate
[dóuneit]

【他動】〜を寄付する、〜を寄贈する、（臓器を）提供する

寄付する気な**どねーと**さ

金庫の前で寄付を断る男性にひと言

A: I donated blood for the first time in my life.
B: I've never done that before.

A: 人生初の**献血をした**よ。
B: 私はやったこと無いの。

関連語句 【名】donation 寄付、提供 ● organ donation 臓器提供

318 donor
[dóunər]

【名】提供者、ドナー

提供者は**どーなー**ってるの

ベッドで、提供者を待つ患者

A: They found a donor just in time.
B: That's fantastic news.

A: なんとか臓器**提供者**がみつかって手術ができたよ。
B: すばらしいニュースだ。

関連語句 ● blood donor 献血者 ● bone-marrow donor 骨髄提供者

319 dormitory
[dɔ́ːrmətɔ̀ːri]

【名】寄宿舎、寮

どう看取りましょうか、**寄宿舎**の病人

寄宿舎のベッドに横たわる老人を見守る人々

A: Why don't you live in a dormitory instead of an apartment?
B: No way. I need my freedom.

A: アパートじゃなくて、**寮**に住んだらどうですか？
B: ありえない！自由が欲しいからね。

関連語句 ● a student dormitory 学生寮 ● a women's dormitory 女子寮

LEVEL 2

320 dose
[dóus]

【名】薬の一回分、一服
【自動】服用する
【他動】〜に投薬する

<u>どう</u>する？　服用量

大量の薬を前に悩む人

A: You're getting better. Let's reduce the dose gradually.
B: I'm happy to hear that, doctor.

A: あなたは良くなっていますよ。薬の量を徐々に減らしましょう。
B: それは嬉しいです、先生。

関連語句　● He got a dose of reality. 彼は現実の厳しさを味わった。

321 downturn
[dáuntə:rn]

【名】株価などの下落、景気の悪化

<u>ダウ（平均株価）ターン</u>と<u>下落</u>

株価急落のグラフ

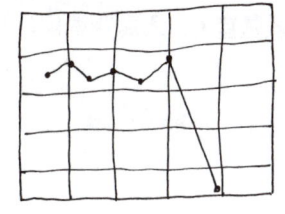

A: How can we survive in this downturn market?
B: Energy-saving must be the key.

A: この悪化した景気の中、どうやって生き残ったらよいのでしょう？
B: 省エネがカギとなるでしょう。

関連語句　● take a downturn 下向きになる ⟵⟶ take an upturn 好転する

322

drag
[drǽg]

【自動】のろのろと進む、遅れをとる
【他動】〜を引きずる
【名】妨げ

道楽、ぐずぐず**長引かせる**

酒を飲みながらテレビをみている酔っぱらい

A: Today's meeting dragged on for hours.
B: Yes. Some people kept asking stupid questions.

A: 今日のミーティングは何時間も**続いた**よ。
B: うん。くだらない質問をし続ける人がいるからね。

関連語句 ● The president was criticized for dragging his feet on the human resources issue. 社長は、人事の問題を先延ばししているということで、非難された。

323

elaborate
[ilǽbərət]

【形】入念な
【自動】詳細に述べる
【他動】〜を詳しく述べる

選ばれた！ 入念な準備したから

ミスなんとかに選ばれた女性

A: Look at this elaborate design.
B: Yes. Let's purchase this ring.

A: この**込み入った**デザインを見て！
B: 本当。この指輪買いましょう。

関連語句 ● elaborate on 〜 〜を詳しく述べる ● Could you elaborate on this plan? この計画について詳しく説明してもらえませんか？

LEVEL 2

324 eliminate
[ilímənèit]

【他動】～を削除する、～を撤廃する

エリ、見ねえと！悪者を**抹殺する**場面だよ

映画館で居眠りしているエリを起こす彼

A: Even if we eliminate all the troubles, we still lack funds.
B: Why don't we ask another bank?

A: たとえ問題が全部**解決した**としても、まだ資金が足りない。
B: 他の銀行に頼んでみようか。

関連語句 【名】elimination 撤廃、予選

325 embark
[imbá:rk]

【自動】船出する、着手する
【他動】～を乗船させる、～を参加させる

円ばーかり上がるのでこの際**船出する**

多額のドル紙幣を持って豪華客船に乗り込む日本人女性

A: Some friends and I have embarked on a business venture.
B: I wish you the best of luck.

A: 何人かの友達とベンチャービジネスを**始めよう**と思うんだ。
B: うまくいきますように！

関連語句 【名】embarkation 出国 【反】disembark ～を上陸させる ● embarkation / disembarkation card 出入国カード

326

embarrass 【他動】～を当惑させる、～を邪魔する
[imbérəs]

お前との**縁バラす**ぞと**当惑させる**

気の弱そうな男性を脅すやくざ

A: I walked downtown with my shirt inside out.
B: You must've been embarrassed.

A: シャツを裏返しにしたまま町を歩いていたよ。
B: **恥ずかしかったでしょう。**

関連語句 【形】embarrassed 気恥ずかしい、厄介な 【名】embarrassment 当惑

327

embrace 【他動】～を抱擁する
【自動】抱き合う
【名】抱擁
[imbréis]

円舞礼装で踊りながら**抱き合う**

礼装で抱き合うようにワルツを踊るふたり

A: She met her son for the first time in 30 years.
B: That's why she embraced him so tightly.

A: 彼女は息子に30年ぶりに会った。
B: だから、あんなに彼を**強く抱きしめて**いたのか。

関連語句 【名】embracement 抱擁

LEVEL 2

328 emission
[imíʃən]

【名】放出、発射、排出

笑みしょんなに**放出**？

満面の笑みをたたえる女房に驚く夫

A: I want to trade in my car for a low-emission one.
B: Good idea.

A: 今の車下取りに出して、**低公害**車を手に入れたいんだ。
B: いい考えだね。

関連語句　【自・他動】emit 放つ、～を放出する　● This car doesn't emit exhaust fumes.
この車は排気ガスを出さない。

329 enchant
[intʃǽnt]

【他動】～を魅了する

円、ちゃんと描いて**魅了する**

まん丸を描いて両親を魅了する赤ちゃん

A: I wrote a fantasy story that will enchant children.
B: Let me read that story to my children.

A: 子どもを**魅了する**ファンタジーを書いたんだ。
B: そのお話を子どもに聞かせてみるよ。

関連語句　【名】enchantment 魔力、魅力

330

endeavor
[indévər]

【名】努力

縁でバーッチリ、**努力**もあるが

大きな会社を指差し、ほくそ笑む新入社員

A: Congratulations on passing the bar exam!
B: Thank you for supporting my endeavor to be a lawyer.

A: 司法試験合格、おめでとう！
B: 弁護士になりたいという**努力**を支えてくれてありがとう。

関連語句 ● *Endeavor*〔*Endeavour*〕エンデバー（アメリカのスペースシャトルの名前）

331

endorse
[indɔ́:rs]

【他動】～を承認する、（手形などに）裏書きする、～を保証する

裏書き署名するのは**遠藤**ッス

遠藤さんに署名を頼む男

A: Ask the participants to endorse my proposals beforehand.
B: Sure. Previous arrangements are important.

A: 参加者に私の提案を**承認する**よう、前もって頼んでおいてください。
B: もちろん。根回しは大事です。

関連語句 【名】endorsement 裏書き、推薦の言葉

LEVEL 2

332 enhance
[inhǽns]

【他動】（質などを）高める

円半周して**高める**やる気！

グラウンドを半周してやる気満々な人

A: Do I have to wear this hat?
B: Of course. It will enhance your cool look.

A: この帽子をかぶらなければいけませんか？
B: 当然。君の素敵な外見を**高める**よ。

関連語句 【名】enhancement 向上、改良　● image enhancement イメージアップ（イメージアップは和製英語）

333 enroll
[inróul]

【自動】登録する、入学する
【他動】〜を登録させる、〜を入学させる

印籠ルシルン**登録する**

印鑑登録の窓口で、うれしそうに印籠を差し出す人

A: My parents enrolled me in an international school.
B: That's why you speak English very well.

A: 親が私をインターナショナルスクールに**入れた**の。
B: だから英語を上手に話せるんだ。

関連語句 【名】enrollment 入学、登録　● enrollment fee 入学費、登録料

334

ensure
[inʃúər]

【他動】～を確実にする、～を安全にする

この**円周は**どのくらいか**確実にせよ**

円周の長さを求められ黒板の前で考え込む生徒

A: I don't want to eat food of unknown origin.
B: I agree. The government must ensure food safety.

A: 出所がわからないような食べ物は食べたくない。
B: そうだね。政府は食品の安全を**確実にすべき**だ。

関連語句　● It is ensured that ~ ～以下は保証される。　● It is ensured that equal opportunities are given for men and women. 男女平等に機会が与えられることが保証される。

335

equip
[ikwíp]

【他動】（必要な物を）装備する、～を配備する、（人に技能などを）身につけさせる

いい杭ぽんぽん**装備する**

大工さんが立派な杭を次々と軽やかに打ち込んでいる

A: Is this car equipped with a navigation system?
B: Sure. Hop in and see for yourself.

A: この車はナビ**ついてますか**？
B: もちろん。乗ってご自分で確かめてください。

関連語句　【名】equipment 装置、設備　● Solar panels are efficient energy-saving equipment. ソーラーパネルは効果的な省エネ設備です。

LEVEL 2

336 evolve
[ivá:lv]

【自動】発展する、展開する
【他動】〜を発展させる、〜を進化させる

えばる武士、発展する？

威張りくさる武士の背後でノーグッドのサインをする町人

A: What's your biggest interest as a linguist?
B: "How human language evolved" is my research theme.

A: あなたの言語学者としての一番の興味は何ですか？
B: 『どうやって人間の言語が**発達したのか？**』これが研究テーマです。

関連語句 ● fast-evolving 日進月歩の　● Computer technology is fast-evolving. コンピュータ技術は日進月歩である。

337 exaggerate
[igzǽdʒərèit]

【他動】〜を大げさに言う
【自動】誇張する

いくさ(戦)、じゃれてないで、大げさにするべし！

じゃれ合う兵士を叱る大尉

A: Takeshi said the company is going bankrupt.
B: Don't believe him. He tends to exaggerate things he hears.

A: タケシが、会社はつぶれると言っていた。
B: 彼を信じるなよ。あいつは聞いたことを**大げさに言う**傾向にある。

関連語句 【名】exaggeration 誇張　● His story is full of exaggeration. 彼の話は誇張でいっぱいだ。

338

excel
[iksél]

【自動】優れている
【他動】～より勝っている

行く、セール？優れている！

『優れものセール！』のチラシを見て相談中のふたり

A: Who would be the best candidate?
B: How about Max? He excels in strategy planning.

A: だれが一番の候補者だと思う？
B: マックスはどう？　彼は戦略計画を立てるのが**巧い**よ。

関連語句　【形】excellent 優れた　【名】excellence 優秀さ、卓越

339

excursion
[ikskə́ːrʒən]

【名】遠足、修学旅行

いくつかじゃんじゃん廻る**修学旅行**

金閣寺を後にして、清水寺に向かう女学生

A: Where are you going for your school excursion?
B: Okinawa!

A: **修学旅行**はどこに行くの？
B: 沖縄だよ！

関連語句　【名】excursionist 遠足（小旅行）に行く人　● excursion ticket 周遊券

LEVEL 2

340 executive
[igzékjətiv]

【形】重役向けの
【名】重役、幹部

行くぜ、食ってばかりの**重役**
が

アイス片手の重役に社員からの厳しいひと言

A: I want to fly executive class just once.
B: No, we can't afford it.

A: 一度でいいから飛行機の**エグゼクティブ**クラスに乗ってみたいなあ。
B: だめ、そんな余裕はないよ。

関連語句　● executive director 専務取締役

341 exhaust
[igzɔ́:st]

【他動】～を疲れさせる、～を使い果たす【名】排気ガス

「**行ぐゾー、スト**に！」「**疲れさせる**なあ」

やる気のない人々をひき連れ、張り切って交渉に向かう組合員

A: I'm exhausted from the long meeting.
B: Same here.

A: 長い会議で**疲れ切った**よ。
B: 同じく。

関連語句　【名】exhaustion 極度の疲労　● heat exhaustion 熱中症

342

expertise
[èkspərtíːz]

【名】専門知識、技量

行くスーパー、チーズの**専門知識**いる？

チーズの特売のチラシを見るふたり

A: We should recruit young people with expertise in marketing.
B: You are asking too much.

A: マーケティングの**専門知識**を持つ若者を雇うべきだ。
B: 無い物ねだりですよ。

関連語句 ● practical expertise 実用的な専門知識　● medical expertise 医学の専門知識

343

facilitate
[fəsílətèit]

【他動】〜を促進する、〜を容易にする

走りてーと？健康を**促進する**ために？

ランニングに出る不健康そうな夫を心配顔で見送る妻

A: Mild exercise will facilitate the recovery process.
B: I see, doctor.

A: 軽い運動は、回復を**促進します**。
B: わかりました、先生。

関連語句　【名】facilitator まとめ役　【類】help, assist 助ける、手伝う

LEVEL 2

344 facility
[fəsíləti]
【名】施設、容易さ

「**施設**は?」「**は?知りてーの?**」

道を聞く人に、不良学生のひと言

A: Why did the facilities burn down?
B: They didn't have the proper fire prevention equipment.

A: なぜ**施設**は焼け落ちてしまったのですか?
B: ちゃんとした消火施設がなかったのです。

関連語句 ● with facility 容易に

345 famine
[fæmin]
【名】飢饉

不安民、**飢饉**に苦しむ

やせこけた民衆が不安そうにしている

A: Some people in the world are dying from famine.
B: Hard to imagine, but it's true.

A: 世界には**飢餓**で亡くなる人がいるんだよ。
B: 想像つかないけど、本当なんだね。

関連語句 ● housing famine 住宅難　● labor famine 労働不足

346

fatigue
[fətíːg]

【名】疲労
【自動】疲労する
【他動】〜を疲労させる

這っていぐほど**疲労困憊**

疲れ果てて、這って家に帰る会社員

A: This bath powder will help ease fatigue.
B: Thank you. Let me use it tonight.

A: この入浴剤は**疲れ**をいやしてくれるよ。
B: ありがとう。今晩使ってみるよ。

関連語句 ● metal fatigue 金属疲労

347

fluent
[flúːənt]

【形】流ちょうな、雄弁な

震えんと流ちょうに話す

自信たっぷりの表情でスピーチする女性

A: How can she speak English so fluently?
B: She is a returnee.

A: どうして彼女はあんなに英語を**上手く話せる**の？
B: 彼女は帰国子女だよ。

関連語句 【名】fluency 流ちょうさ　● She speaks with the fluency of a native. 彼女はネイティブスピーカーと同じ流ちょうさで話せる。

LEVEL 2

348 forbid
[fərbíd]

【他動】～を禁じる
【自動】禁じる

褒美だなんて**禁止する**

何か物を差し出す人と、それを断る看護師

A: See the sign. Smoking is forbidden here.
B: Oh, I'm sorry.

A: 掲示をみてください。喫煙はここでは**禁止されています**。
B: あ、すみません

関連語句 ● Forbidden fruit is sweet for a while. 禁断の果実はしばらくの間は甘い。

349 formulate
[fɔ́:rmjəlèit]

【他動】（理論などを）説明する、（方法などを）考案する、～を公式化する

葬れーと？せっかく**立案する**
とこなのに

書類を提出する男性に向かってゴミ箱を指差す上司

A: The project failed again.
B: Maybe we should formulate a more detailed plan.

A: プロジェクトはまた失敗だ。
B: たぶん、もっと詳しい計画を**立てる**べきだね。

関連語句 【名】formulation 公式化、処方　● OTC（over-the-counter）formulation 市販製剤

350

friction
[fríkʃən]

【名】摩擦、不和

不倫苦笑で済ませば**摩擦**がおきる

激怒している妻と、苦笑いしてごまかす夫

A: Are you getting along well with your parents in-law?
B: No. There's invisible friction between my mother-in-law and me.

A: 義理の両親と仲良くやってる？
B: いいえ。義母と私の間には目に見えない**摩擦**があります。

関連語句 ● trade friction 貿易摩擦

351

gaze
[géiz]

【自動】凝視する

芸、ずーっと**凝視する**

歌舞伎の舞台をじーっと見る人

A: Why are you gazing at me? Is there something on my face?
B: Oh, excuse me. You are so beautiful that I can't take my eyes off you.

A: どうして私を**じっと見る**の？　顔に何かついてる？
B: あ、すみません。あまりに美しくて目をはずせなかったのです。

関連語句 ● gaze at one's navel 自分のへそを見つめる→自分自身のことをじっくり考える、瞑想する。

352

gene
[dʒíːn]

【名】遺伝子

人類みなもつ**遺伝子**

いろいろな人種の人がいる

A: I wish I had a gene for being smart.
B: You are asking for the moon.

A: 賢くなれる**遺伝子**があったらいいのにな。
B: 無い物ねだりだね。

関連語句 ● gene therapy 遺伝子治療

353

gloomy
[glúːmi]

【形】陰気な、うっとうしい

家族**ぐるみ**で**陰気な**人たち

なぜか全員陰気な家族

A: Which film would you like to see tonight?
B: Anything except gloomy ones.

A: 今晩、どの映画が観たい？
B: **暗い**映画以外なら何でもいいよ。

関連語句 ● gloomy weather 憂鬱な天気

354

guarantor
[gèrəntɔ́:r]

【名】保証人

身元保証人が乱闘に！

身元保証書をめぐり格闘するふたり

A: You need a guarantor to rent an apartment.
B: Gee, I don't have any relatives in this country.

A: アパートを借りるのに、**保証人**が必要です。
B: ええ、この国に親戚はいません。

関連語句 ● a joint guarantor 連帯保証人

355

hail
[héil]

【他動】人に挨拶する、呼ぶ
【名】挨拶、呼びかけ

「**ヘイ、ルー**！」誰か**呼び止め**た？

呼びかけられて振り向くルー大柴

A: Let's hurry to the station.
B: OK. I'll hail a taxi.

A: 急いで駅に行こう。
B: わかった、タクシー**呼び止める**よ。

関連語句 【多】hail【名】あられ、ひょう【自動】あられが降る ● It may hail tomorrow. 明日はあられが降るかもしれない。

LEVEL 2

356 halt
[hɔ́:lt]

【他動】〜を停止させる
【自動】（行進中に）止まる、一旦休止する

放ると、いったん**止まる**
変化球

止まる魔球に驚くバッター

A: Is the airline still on strike?
B: Yes. All flights have been halted.

A: 航空会社はまだスト中？
B: そうなんだ。飛行機は全部**止まってる**。

関連語句 ● screech to a halt キィーッと音を立てて止まる

357 handle
[hǽndl]

【他動】〜を扱う、〜を処理する
【名】取っ手、柄

半ドルで**対**処してよ

手にした 50 セント硬貨で交渉する少年

A: Be careful in handling the wine glass.
B: Did it cost a lot?

A: そのワイングラス、気をつけて**扱って**ね。
B: 高かったの？

関連語句 ● Handle With Care「取り扱い注意」　● steering wheel 自動車のハンドル（ハンドルは和製英語）

358

hospitality
[hɑ̀:spətǽləti]

【名】歓待、親切なもてなし

干すピン足りていますか？と
親切な待遇

洗濯物を干す母に、洗濯ばさみを差し出す親切な娘

A: I received lavish hospitality at my friend's place.
B: Was it like you were in the Dragon King's Palace?

A: 友人宅でぜいたくな**もてなし**をうけたんです。
B: 竜宮城にいたような気分でしたか？

関連語句 ● hospitality gift 手みやげ

359

immigrant
[ímigrənt]

【名】移民、移住者

移民ガラーンとしたところにいる

移民の家族が、がらーんとした土地に移住

A: What are they doing over there, Fred?
B: They are searching for the illegal immigrants.

A: フレッド、あの人たちはあそこで何をしてるの？
B: 不法**移民**を探しているんだよ。

関連語句 【反】emigrant 移民、出稼ぎ人 【名】immigration　移住（すること）、移民、（空港の）出入国管理　● Immigration Bureau 入国管理局

LEVEL 2

360 **immigrate**
[ímigrèit]

【自動】移住してくる、入植する
【他動】〜を移住させる

「**移住する**」の**意味ぐれーと**
れよ

英語を話されてちんぷんかんぷんな様子の人にひと言

A: Are you originally from Ireland?
B: My grandfather immigrated there.

A: あなたはもともとアイルランドの出身ですか？
B: 祖父がその国から**移住して**きたんです。

関連語句　【反】emigrate 他国へ移住する、出稼ぎに行く

361 **incentive**
[inséntiv]

【名】（〜に対する）刺激、誘因、動機
【形】刺激的な、鼓舞する

いい先手ぶつことは**励み**に
なる

囲碁で対局中、良い先手を打った男性

A: If I get full marks on the test, Dad will buy me a new cell phone.
B: That must be a big incentive.

A: テストで満点取ったらお父さんが新しいケイタイ買ってくれるんだ。
B: それはいい**励み**になるに違いないね。

関連語句　● incentive bonus [pay] 奨励給

362

initiate
[iníʃièit]

【他動】〜を始める、〜に着手する

いにしえ（へ）と、タイムトラベル**開始する**

タイムマシーンに乗る、M. J. Fox と、Doc.

A: I heard that the CEO has just initiated the restructuring plan.
B: What'll happen to us?

A: 社長が構造改革計画を**開始した**って聞いたよ。
B: 私たちはどうなるんだろう。

関連語句 【形】initial 初めの　● initial salary 初任給

363

innovation
[inəvéiʃən]

【名】刷新、革新、新商品

いいの、弁償だよ、**画期的商品**を壊すと

TOEIC 練習マシンをいじくり回す人にひと言

A: Every household will have a 3-D TV in the near future.
B: Another technological innovation.

A: 近い将来どの家庭にも立体テレビが設置されるだろう。
B: それもまた**技術革新**ですね。

関連語句　【自動】innovate 革新する　【他動】innivate（新しいことを）採り入れる　【形】innovative 革新的な　● innovative artist 革新的な（想像力ゆたかな）芸術家

LEVEL 2

364 inquiry
[ínkwəri]
【名】質問、問い合わせ

インクは要りませんかとの**問い合わせ**

インクの営業電話を受ける人

A: I was relocated to the customer service section.
B: You'll have to deal with various kinds of inquiries.

A: 顧客サービス部門に異動になったよ。
B: さまざまな**問い合わせ**に応じないといけないね。

関連語句 【他動】inquire ～について問い合わせる、～を尋ねる　●I'll inquire her address and phone number. 彼女の住所と電話番号を尋ねる。

365 insure
[inʃúər]
【他動】(人などを) 保険に入れる、～を確実にする
【自動】保険に加入する

飲酒はあぶないと**保険をすすめる**

酔っぱらった人に保険の勧誘をする女性

A: Earthquakes happen so often recently.
B: Are you insured against earthquake damage?

A: 最近地震がよく起きるね。
B: 地震**保険**に入ってる？

関連語句 【名】insurance 保険、保険金、保証　●life insurance company 生命保険会社

366

invasion
[invéiʒən]

【名】侵入、侵略

侵入の隠蔽じょうずにしてね

侵入した穴をうまく隠すよう指示するネズミ

A: Do you have hay fever?
B: Yes, every season I'm annoyed by the invasion of pollen into my house.

A: 花粉症ですか？
B: はい、毎年家に**入ってくる**花粉に悩まされます。

関連語句　【他動】invade 〜に侵入する　● Don't invade my privacy. プライバシーを侵害しないでください。

367

invoice
[ínvɔis]

【名】送り状、明細記入請求書
【他動】〜の送り状を送る

陰謀、椅子の下から**送り状**が！

椅子の下から、書状を発見する人

A: We have a few questions about your invoice.
B: All right. Let me know the date first.

A: そちらの**送り状**についてお聞きしたいことがあるのですが。
B: わかりました。まず日付はいつですか？

関連語句　● issue an invoice 請求書を発行する

186

LEVEL 2

368 ironic
[airá:nik]
【形】皮肉な、反語的な

アイロンにくっつくとは、**皮肉な**

布がアイロンにくっついて、困った顔をする主婦

A: How ironic! I got wet yesterday without an umbrella.
B: But today it isn't raining and you don't need that umbrella, right?

A: なんて**皮肉なんだ**！昨日は傘がなくて濡れたのに…
B: でも今日は雨が降らなくてその傘はいらない、ですよね？

関連語句　【副】ironically 皮肉にも　【類】sarcastic あざけり、軽蔑を含めて人の感情を傷つける、ironic 反対のことを意味して滑稽感を醸したり、強調したりする

369 isolate
[áisəlèit]
【他動】〜を孤立させる、〜を隔離する

愛、それて淋しく**孤立する**

失恋して、ぽつんと孤独に涙ぐむ女性

A: You'll be isolated if you don't change your behavior toward your co-workers.
B: That's none of your business.

A: きみの同僚に対する態度を変えなければ**孤立して**しまいますよ。
B: あなたには関係ないです。

関連語句　【名】isolation 隔離、分離、孤立　● in isolation 孤立して　● He's been living in complete isolation. 彼は下界と全く接触せずに暮らしている。

370 itinerary
[aitínərèri]

【名】旅行日程書、旅行計画
【形】旅程の

相手寝られない、この**旅行日程**

眠そうな相手を引きずって次の観光地に向かう人

A: Let's plan the itinerary for our trip to space.
B: Space? No, to Spain!

A: さあ宇宙旅行の**日程**を練りましょう。
B: 宇宙？違うでしょ、スペインですよ。

関連語句　● detailed itinerary 詳細な旅行日程

371 laboratory
[lǽbərətɔ̀:ri]

【名】実験室、製造所

油取りの**実験室**

実験室で、あぶらとり紙を試す女性たち

A: What are those women doing at the laboratory?
B: Studying something about oil.

A: あの女性たちは**実験室**で何しているんですか？
B: たぶん、油でなにか研究しているんでしょう。

関連語句　● lab 実験室　● chemical laboratory 化学研究所
● hygienic laboratory 衛生試験所

LEVEL 2

372 litter
[lítər]

【自動】ごみを散らかす
【他動】〜を散らかす
【名】散らかったごみ、がらくた

そのゴミ、何リッターある？

大量のゴミを出す主婦を見て驚くご近所さん

A: Never litter on the street in this country, or you could be fined.
B: I wouldn't, no matter where.

A: この国では決してゴミを路上に捨てないように。罰金を取られることもあります。
B: どこにいたってそんなことはしませんよ。

関連語句 ● No littering. ゴミを捨てないでください（掲示）

373 lumber
[lʌ́mbər]

【名】製材、板材
【形】材木の、製材の

乱舞は材木の上で

材木の上で乱舞している人たち

A: All the lumber used in my house was produced here in Japan.
B: Amazing!

A: 私の家に使われている材木は全部国産です。
B: それはすごい！

関連語句 【類】timber 材木（イギリス英語）

189

374 masterpiece

[mǽstərpìːs] 【名】傑作、大作、代表作

傑作ができたよ、**マスター、ピース**！

幻のコーヒーが入ったと喜ぶ店員と誇らしげなマスター

A: I saw the great masterpiece, 'Guernica' by Van Gogh some years ago.
B: Wasn't it by Picasso?

A: 何年か前にあの偉大なるゴッホの**傑作**「ゲルニカ」を見ました。
B: それってピカソのでは？

関連語句 ● literary masterpiece 文学作品の傑作

375 mature

[mətúər]
【他動】〜を成熟させる
【自動】成熟する
【形】成熟した、円熟した

この**町は成熟してる**

整備されたきれいな町並みに、感心している人

A: This is my favorite wine. How do you like it?
B: It's perfectly matured!

A: 私のお気に入りのワインです。いかが？
B: 完璧に**熟して**ますね！

関連語句 【反】premature 時期尚早の、早産の 【反】immature 未熟な、未完成の

LEVEL 2

376 mechanic
[məkǽnik]
【名】機械工、修理工、職人

メカにくわしいから**整備工**

汗して誇らしげに仕事する整備工

A: How long has your brother been working in the factory?
B: Three years, but he's still just a trainee mechanic.

A: 弟さんはどのくらい工場で働いてるの？
B: 3年だよ。でもまだ見習い**整備工**なんだ。

関連語句　【形】mechanical 機械の、機械的な　●mechanical pencil シャープペンシル（シャープペンシルは和製英語）【名】mechanism　機械装置、仕組み

377 memorize
[méməràiz]
【他動】〜を記憶する、〜を暗記する

姪も来場したこと**記憶する**

姪と行った万博の記念写真

A: This book really helps me to memorize a lot of English words.
B: May I borrow it for a while?

A: この本はたくさん英単語を**暗記する**のに役立つよ。
B: しばらく借りてもいい？

関連語句　【名】memory 記憶　●I suffered a temporary memory loss after the accident. 事故の後一時的な記憶喪失になった。【類】remember 〜を記憶している

378

merchandise
[mə́:rtʃəndàiz]
【名】(集合的に) 商品 【他動】(商品を) 売買取引する、〜を宣伝する

まーちゃん大好き、いい**商品**だね

素敵なバッグをもらって彼 (まーちゃん) に抱きつく彼女

A: Here are the samples of our merchandise.
B: Wow! You have plenty of choices.

A: こちらが当社**商品**の見本でございます。
B: なんて幅広い品揃えでしょう！

関連語句 【類】goods (より口語的) 品物 【名】merchandising 商品化計画、映画やイベント関連商品、キャラクターグッズ ● general merchandise 雑貨

379

merge
[mə́:rdʒ]
【他動】(会社などを〜に) 合併する
【自動】(会社などが〜と) 合併する、(道路などが) 合流する

マァ**ジ**？**合併する**って

合併の話を聞いて、うっそーという顔をした人

A: Our company is going to merge with that rival company.
B: Really?

A: 社長はあのライバル会社と**合併する**つもりだ。
B: 本当ですか？

関連語句 ● merge into 〜 〜に溶け込む、〜に併合する

LEVEL 2

380 merger
[mə́:rdʒər]

【名】(会社などの) 合併合同

まあ、じゃあ合併でもしますか

それぞれの会社の前で握手するふたりの社長

A: More lay-offs after the merger of those two companies.
B: Again?

A: あの2社との**合併**後また一時解雇だ。
B: またですか？

関連語句 ● M&A (merger and acquisition) 企業の吸収合併

381 moderate
[má:dərət]

【形】節度ある、温和な、適度の
【名】穏健な人
【他動】〜を和らげる

もーデレっとしちゃって**温和**なふたり

温和なカップルが飼い猫を膝に抱いて寄り添っている

A: You should do some moderate exercise like walking.
B: All right, doctor.

A: ウォーキングなど**適度な**運動をしたらいいでしょう。
B: わかりました、先生。

関連語句 【名】moderation 節度、温和　● You should eat in moderation to stay healthy. 健康でいるために控えめに食べるべきです。

382 modify
[máːdəfài]

【他動】～を修正する、～を変更する

文字入らないので**修正する**

脱字の修正を指示した紙

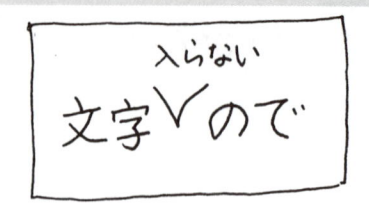

A: What does "GM food" stand for?
B: It stands for genetically modified food.

A: GM食品ってなんの略ですか？
B: 遺伝子**組み換え**食品のことです。

関連語句 【名】modification 修正、緩和すること　● This law needs some modification. この法律には修正が必要だ。

383 molecule
[máːləkjùːl]

【名】微粒子、分子、微量

漏れくーる微粒子

漏れて来た微粒子を防ぐためにマスクをしてる人

A: What's DNA?
B: It's the double-stranded molecule.

A: DNAって何のことですか？
B: 二重らせん構造の**分子**のことです。

関連語句　● a molecule of ~ ごくわずかの～　● Even a molecule of kindness is appreciated when in distress. 苦しんでいるときはわずかな親切でもありがたい。

LEVEL 2

384 monotonous 【形】単調な、一本調子の
[məná:tənəs]

つけ物とナス？そりゃ単調だ

漬け物となすだけの食事に何か言いたげな子ども

A: How do you like the life here?
B: It's monotonous and boring. I miss the life of Tokyo.

A: ここの生活はどうですか？
B: **単調**で退屈です！ 東京暮らしが恋しいです。

関連語句 【副】monotonously 単調に 【名】monotone 単調さ ● Don't read English in a monotone voice 英語は棒読みしないで。

385 motivate 【他動】〜に動機を与える、〜を刺激する
[móutəvèit]

もーちびっと動機づけしよう

馬加田大学目指してやる気を出そうとする浪人生

A: What are your strong points?
B: I'm very motivated and positive.

A: あなたの長所は何ですか？
B: とても**やる気があって**前向きなところです。

関連語句 【名】motivation 動機付け、刺激、やる気 ● If it is fun, to maintain motivation to exercise is easy. 楽しければ運動するという動機を維持するのは簡単だ。

386

oath
[óuθ]

【名】(神にかけての)誓い、宣誓

おーすごい**誓い！**

「今年中に TOEIC 満点獲る！」と誓いをたてる人

A: Did you watch the new president take the oath during his inauguration?
B: Of course, I did.

A: 新しい大統領が就任の**宣誓**をするの見た？
B: もちろん見たよ。

関連語句 ● spit out an oath 悪態をつく　● break one's oath 誓いを破る　● She has broken her oath to quit smoking. 禁煙するという誓いを破ってしまった。

387

omit
[oumít]

【他動】～を抜かす、～を省略する

削除するのは**お見通**し

所々、塗りつぶされた文書をにくにくしげに見る人

A: You omitted details from the report.
B: The simpler the better, that is.

A: 君は報告書の詳細を**省略している**ね。
B: つまり、簡潔なほどいいということです。

関連語句　【名】omission 省略、脱落、怠慢　【形】omissive 省略の、怠慢な
● be omissive of responsibility 責任が問われない

LEVEL 2

388 originate
[ərídʒənèit]

【自動】生じる、始まる
【他動】〜を始める、〜を創設する

オレじゃねーというのか、**始めた**のは

警察の尋問にとぼけるチンピラ

A: Did you know that Halloween originated in Ireland?
B: No. I thought it started in the US.

A: ハロウィーンはアイルランドが**発祥の地だ**というのは知っていましたか？
B: いいえ。アメリカだと思っていました。

関連語句 【形】original 根源の、独創的な　● originate in 〜 〜で始まる Buddhism originated in India. 仏教はインドで起こった。

389 outgoing
[áutgòuiŋ]

【形】社交性に富んだ、外向性の、出て行く、退職する、

会うとゴーインに話しかける**社交的な**やつ

仕事の邪魔をしてまで強引に話しかける明るい人

A: Our company wants rather friendly and outgoing people.
B: I am the perfect person for you.

A: 当社はどちらかというと人なつこくて**外向的な**人を求めています。
B: 私はまさにうってつけです。

関連語句 【名】outgoingness 外向的なこと　● incomings and outgoings 収入と支出

390

overtake
[òuvərtéik]

【他動】～に追いつく、～を追い抜く

叔母、てくてく私を**追い抜く**

杖をついて歩く伯母さんに、追い抜かれ、はっと驚く女性

A: We are going to overtake our competitors in car sales this year.
B: That's terrific! Can we expect a bonus?

A: 我が社は今年車の売り上げであのライバル会社を**抜く**ことになります。
B: それはすばらしい。ボーナスの上乗せを期待していいですか？

関連語句 ● No Overtaking（標識）追い越し禁止
【類】catch up with ~ ～に追いつく

391

patent
[pǽtnt]

【名】特許、特許品
【他動】（特許を）受ける
【形】特許の

地震で**パタンと**倒れない装置で**特許**取る

地震が起きてもびくともしない部屋の中で得意そうな男

A: This sure is a well-designed device. You're a genious inventor.
B: Actually I'm thinking of applying for a patent.

A: これは本当によく作られた装置だね。君は発明の天才だ。
B: 実は**特許**申請を考えてるんだ。

関連語句 ● the Patent Office 特許局 ● I registered my invention at the Patent Office. 私の発明品を特許局に登録した。

LEVEL 2

392 pharmacy
[fá:rməsi]
【名】薬学、薬局

ファン増し人気の**薬局**

薬局のイケメンの薬剤師目当てに殺到する女性客

A: Will you take this prescription to the pharmacy over there for me?
B: Sure, with pleasure.

A: この処方箋を私に代ってあそこの**薬局**に持って行ってもらえる？
B: いいよ、喜んで。

関連語句　【形】pharmaceutical 薬物の、薬剤師の　● pharmaceutical company 製薬会社　【類】drugstore 化粧品を含む雑貨も販売する薬屋

393 plunge
[plʌ́ndʒ]
【自動】飛び込む、急落する
【他動】〜の中に突っ込む
【名】突っ込むこと、突進

思い切り**飛び込む****プラン**じゃだめですか？

バンジージャンプのプランを勧める旅行代理店のスタッフ

A: Finally our corporation has plunged into debt.
B: Is it possible to ask for a governmental bailout?

A: ついに当社は赤字に**転落して**しまった。
B: 政府の緊急救済を求めることはできますか？

関連語句　● take the plunge 思い切ってやってみる、結婚を決意する　● She took the plunge into a new business. 彼女は思いきって新しい仕事に飛び込んだ。

394

precaution
[prikɔ́ːʃən]

【名】用心、警戒、予防措置

たっ**ぷり交渉**して**予防措置**を

向かい合って、交渉するアメリカ人とアジア人

A: How can we cope with the flu spreading in the office?
B: Let's take every possible precaution to stop it.

A: どうやって職場でインフルエンザが広がるのに対処したらいいでしょう？
B: とにかく可能な限りの**予防措置**をとりましょう。

関連語句 【形】precautious 警戒する、用心深い ● by way of precaution 用心のため ● take precautions against ~ ～を警戒する

395

predecessor
[prédəsèsər]

【名】前任者、先輩

プリンで切磋琢磨の**前任者**

頭にプリンをのせバランスをとる女性

A: Looks like she is more capable than her predecessor.
B: Don't jump to conclusions after just a few days.

A: 彼女は**前任者**より有能みたいですね。
B: ほんの数日で簡単に結論出してはだめだよ。

関連語句 【反】successor 後継者 ● She is the most likely successor to the president. 彼女が一番有望な社長後継者だ。

LEVEL 2

396 prevail
[privéil]

【自動】普及する、流行する、優性である

プリン、ベールに包むと**普及する**

ベールにくるんだプリンを道行く人々に配る女性

A: Young people can't survive even a day without their cell phones.
B: That's the prevailing trend for sure.

A: 若者は一日たりとも携帯電話なしでは生きていけないね。
B: たしかにその傾向が**広がって**ますね。

関連語句 【名】prevalence 普及、流行 ● I'm amazed at the quick prevalence of the rumors about his affairs. 彼の不倫のうわさのすばやい広まりに驚いている。

397 provoke
[prəvóuk]

【他動】(人を)怒らせる、〜を挑発する

プロボクサーが**煽って**怒らせた

試合中に煽った相手に怒るボクサー

A: The recall problem provoked a wide-spread reaction around the world.
B: Exactly. So many users are disappointed by the news.

A: そのリコール問題は世界中に広がる波紋を**引き起こし**ましたね。
B: まさに。たくさんの利用者がニュースにはがっかりしました。

関連語句 【名】provocation 挑発、誘発 ● Her one-sided farewell note gave him provocation. 彼女の一方的な別れの手紙は彼を怒らせた。

398 punctual
[pʌ́ŋktʃuəl]

【形】時間通りの、定刻の

自転車**パンク中**、**歩**いても**時間厳守**

パンクした自転車引いて時計見ながらマジメ顔で学校にむかう生徒

A: She was reprimanded because she isn't punctual in attending meetings.
B: She has only herself to blame, I suppose.

A: 彼女は毎回会議の**時間を守らない**から叱責されたよ。
B: 自業自得ですね。

関連語句 【副】punctually 時間通りで 【名】punctuality 時間厳守 ● punctual like a clock（clockwork）時計のように正確な

399 quota
[kwóutə]

【名】割当て、枠、定数
【他動】〜を割り当てる

買うた？割り当ての**量**

米袋を持った人に、空の米袋を持つ人が尋ねたひと言

A: Do you know the quota of foreign players on a soccer team?
B: No, what is it?

A: サッカーチームの外国人選手**枠**がどのくらいか知ってる？
B: いや、どうなの？

関連語句 ● a sales quota 販売割当数（量） ● He was reprimanded for not meeting his sales quota. 彼は売上げ割当て量を達成しなかったために叱責された。

LEVEL 2

400 quote
[kwóut]

【他動】（他人の言葉などを）引用する
【自動】引用をする
【名】引用文（語句）

こうと決めたら**引用する**

「百里の道も一歩から」という格言を
チェックする人

A: Our boss always starts his talk by quoting a proverbs.
B: Maybe he wants to show off how well educated he is.

A: うちの上司はいつも格言の一節の**引用**で話を始めるんだ。
B: 多分教養があることをひけらかしたいんですね。

関連語句 【名】quotation 引用（文、語句） ● single quotation mark 引用符 ' '
● double quotation mark 引用符 " "

401 recess
[ríːses]

【名】（活動からの）休憩、議会の休会、裁判所の休廷

隣接する場所で**休憩**

作業現場のとなりの空き地で座って休憩する作業員達

A: Now we'll have a short recess.
B: What time will the meeting resume?

A: ここで少し**休憩**を入れましょう。
B: 会議は何時に再開ですか？

関連語句 【名】recession 景気後退、一時的不景気 ● How long do I have to suffer recession? どのくらい不況に苦しまねばならないのだろうか？

402

reconcile
[rékəsàil]

【自動】和解する
【他動】～を和解させる、適合させる

離婚催涙ともなうも**和解する**

離婚届を前に涙しながら握手している男女

A: I tried to get him to reconcile with his wife, but in vain.
B: Never interfere in a quarrel between a husband and wife!

A: 彼を奥さんと**和解させ**ようとしたんだけど、だめでした。
B: 夫婦げんかには決して介入してはなりませんよ！

関連語句 【名】reconciliation 和解、調停　●Reconciliation between the two countries is still a distant dream. その二国間の和解は今なお遠い夢である。

403

recruit
[rikrú:t]

【名】新会員、新兵
【他動】（新会員を）補充する、～を採用する【自動】（新兵を）募る

陸ルートで**新兵**が

大陸を行進してくる若い兵士

A: Now about 100 recruits are undergoing on-the-job training.
B: That's encouraging.

A: 現在約100名の新採用者が現場研修をしています。
B: それは心強いですね。

関連語句　●draft［beat up］recruits 新兵を募集する

LEVEL 2

404 refugee
[réfjudʒìː]

【名】避難者、逃亡者、難民

流布じーっと耐えるうわさの**難民**

みすぼらしい格好の難民を取材するテレビ局の人

A: He is voluntarily working to help refugees.
B: I want to be like him after my retirement.

A: 彼は**避難民**援助のためにボランティアで働いています。
B: 私も退職したら彼のようになりたいです。

関連語句 ● refugee camp 難民キャンプ ● The refugee camp is far from hygienic. その難民キャンプはおよそ衛生的とはいえない。

405 refuse
[rifjúːz]

【他動】（依頼などを）拒絶する、～を拒否する
【自動】拒絶する

理ふゅーじん（理不尽）な誘い**を拒絶する**

大雪の中、ハイキングに誘う友人を拒否する人

A: I wonder why he refused the offer of a promotion.
B: He is thinking of taking nursing care leave, that's why.

A: 彼はどうして昇進の申し出を**断った**の？
B: 介護休暇を取ろうと考えているからですよ。

関連語句 【名】refusal 拒絶、辞退 ● The silence was practically a refusal. 沈黙は事実上の拒絶であった。【多】refuse〔réfjuːs〕【名】(形) くず (の)、かす (の)

406 register
[rédʒistər]

【自動】（宿帳などに）記名する
【他動】〜を登録する
【名】記録、登記、登録簿

登録するのは **0時スタート**

書類持って列をなした人たちが0時になるのを待っている

A: Have you registered for the annual convention?
B: I completely forgot about it. Thanks for reminding me.

A: 年次大会に**申し込みましたか**？
B: 完全に忘れていました。思い出させてくれてありがとう。

関連語句 【名】registration 登録、登記 ● registered letter 書留書状 ● Would you get this letter registered? この手紙を書留にしてください。

407 researcher
[ríːsəːrtʃər]

【名】研究者、調査員

リサちゃーんが**研究者**に

白衣で化学実験をしている「リサ」さん

A: Long time no see. What do you do now?
B: I'm a virus researcher at a company.

A: お久しぶりです。今なにしていらっしゃいますか？
B: 私はある会社でウィルスの**研究者**なんです。

関連語句 【自・他動】research (〜を) 研究する ● research and development (R&D) 企業の研究開発活動

LEVEL 2

408 resume
[rizúːm]

【他動】〜を再び始める、〜を再開する
【自動】再び始まる

リズム正しく**再び始める**

電池を交換して再び動き出した時計

A: Did you start smoking again?
B: Actually, yes. I didn't mean to resume smoking, though.

A: また喫煙し始めたのですか？
B: 実はそうなんです。**再開する**つもりはなかったのですが。

関連語句 【名】resumption 再開、回復　【形】resumable 回復される、再び始められる
【多】resume〔rézjuːmei〕概要、要約　履歴書（米語）

409 retailer
[ríːtèilər]

【名】小売り商人

小売業者にな**りてぃら**と？

息子の相談に、お父さんが「えっ」と驚きひと言

A: The economic recession is hitting straight to the retailers.
B: Right. Many are closing their businesses.

A: 景気後退は、**小売業者**を直撃しているね。
B: うん。商売を辞めた人たちもたくさんいるよ。

関連語句　● bricks-and-mortar retailer 従来の小売店（オンライン店舗と対比して）

410 rip
[ríp]

【他動】～を引き裂く、～をはぎ取る
【自動】裂ける、破れる

立腹しビリビリ**引き裂く**

離婚届を勢いよく引き裂いている男性

A: Is it true that you got a pink slip from the company?
B: Yes, but I ripped it in half on the spot.

A: 会社から解雇通知を受け取ったって本当？
B: うん、でもその場で**破り捨てた**よ。

関連語句　【多】rip さざ波　放蕩者、ならず者　● rip off ~ (人を)だます、(物を)盗む
● rip-off いかさま商品、盗み

411 rotate
[róuteit]

【自動】回転する、循環する
【他動】～を回転させる、～を循環させる

ローン抵当でうまく**回転させる**

銀行のカウンターで住宅ローンを申し込む人

A: Why does the moon rotate around the earth?
B: Ask your science teacher.

A: どうして、お月様は地球の周りを回るの？
B: 理科の先生に聞きなさい。

関連語句　【名】rotation 回転　● in rotation 輪番で

LEVEL 2

412 scan
[skǽn]

【他動】~を細かく調べる、~をざっと見る、(データをスキャナーで)読み取る
【名】綿密な検査、ざっと目を通すこと

好かんなー、**精査する**のは

不愉快な顔で顕微鏡を見て書類に書き込む人

A: Hurry, Paul. We'll be late.
B: Wait a second. Let me scan the newspaper.

A: 急いで、ポール。遅れるよ。
B: ちょっと待って。ざっと新聞を読ませて。

関連語句 ● CT scan = computed tomography scan X線断層撮影、コンピュータ断層撮影

413 scarce
[skéərs]

【形】(食料、金などが一時的に)乏しい、供給の少ない

スカースカ、**ほとんど無いよ**

中身がほとんど無いスイカを見てひと言

A: It was a big typhoon.
B: It's likely that we'll have a scarce harvest this year.

A: 大型台風だったね。
B: 今年の収穫は**少ない**みたいだね。

関連語句 ● make oneself scarece 姿を見せない

209

414

scrap
[skrǽp]

【他動】〜を廃棄する、〜を廃止する
【名】（新聞などの）切り抜き
【形】がらくたの、廃品の

すぐラップしたのに**捨てる**とは！

ラップした皿の中身をゴミ箱に入れようとする妻にひと言

A: It's for the recyclable dustbin.
B: Yes, even scrap paper can be recycled.

A: これは、リサイクル用のゴミ箱に入れましょう。
B: はい、**紙切れ**だってリサイクルできますよね。

関連語句 ● scrap a plan 計画を中止する

415

secondhand
[sékəndhænd]

【形】中古の、間接の
【副】間接に、また聞きで

中古の品とは**セコいと判断**

質店のタグが付いたプレゼントをもらいひと言

A: You look nice in that jacket.
B: Thanks. I bought this from a secondhand store.

A: 君、そのジャケット似合うね。
B: どうも。これ、**古着**屋で買ったんだ。

関連語句 ● firsthand 直接（仕入れ）の、じかに

LEVEL 2

416 segment
[ségmənt]

【名】部分、断面
【自・他動】裂ける、〜を切断する

すぐ面取りした野菜の**断面**

面取りしたにんじんを掲げるおかあさん

A: I'm afraid most segments of your article aren't logical.
B: Something is wrong with me today.

A: 君の記事の大**部分**が論理的でない。
B: 今日は、私どうかしています。

関連語句 ● one-segment broadcasting ワンセグ（メント）放送

417 shrink
[ʃríŋk]

【自動】縮む、尻込みする
【他動】〜を縮ませる
【名】収縮、精神科医

修理工、**尻込みする**

事故で大破した車の修理を尻込みする工具

A: This sweater won't shrink in the wash.
B: I'll take it then.

A: このセーターは洗っても**縮み**ません。
B: じゃあ、買います。

関連語句 ● market shrink 市場縮小

418 skim
[skím]

【他動】〜をすくい取る、(水面を)かすめて飛ぶ、(本を)飛ばし読みする

隙(すき)も与えずさっと**すくい取る**

しゃぶしゃぶのアクをさっとすくい取る人

A: How did you like his book on Japanese history?
B: I'm not sure. I have just skimmed it.

A: この日本の歴史についての本、どう思いましたか？
B: よくわかりません。**とばし読みした**だけなので。

関連語句 ● skim the cream off the top 最良の部分を取る、粒よりの者を選ぶ

419 smuggle
[smʌ́gl]

【他動】〜を密輸する

密輸する人は密輸**すまぐる**(しまくる)

明らかに怪しい荷物をたくさん持った密輸人と検査官

A: Do you suspect they smuggled goods or something?
B: I assure they did.

A: ねえ、彼ら、何か**密輸した**と思う？
B: 間違いなくそうだよ。

関連語句 【名】smuggler 密輸業者、密輸船

LEVEL 2

420

soak
[sóuk]

【他動】（液体に）浸す、（学問などに）没頭する、浸透する
【自動】浸かる、入浴する

そうくるしくない、**水に浸かる**の

顎までつかって平然と水面に顔出す人

A: I was caught in a shower on the way here.
B: You are soaked all over!

A: ここに来る途中、にわか雨にあったよ。
B: 全身**びしょぬれ**じゃないですか！

関連語句 ● I got soaking wet. びしょぬれになった。　● I like soaking in the bathtub. 風呂につかるのが好きだ。

421

stain
[stéin]

【名】シミ、汚点
【他動】〜にシミをつける、（名声などを）汚す

捨て印押したら**シミ**ついた

押印したら朱肉の汚れもついた書類

A: There's a stain on your jacket.
B: Where? Can you wipe it off?

A: 君のジャケットに**シミ**がついてるよ。
B: どこ？ 拭き取ってくれる？

関連語句 【形】stainless シミのない、さびない、ステンレスの

213

422

stale
[stéil]

【形】(食べ物が)新鮮でない、マンネリになった

それ、**新鮮じゃない**から**すてーるよ**

ゴミ箱に捨てられるカビのはえた食パン

A: I know how to rejuvenate stale bread.
B: You are such a frugal guy.

A: **固くなった**パンをよみがえらせる方法を知ってるよ。
B: 君は質素なたちだね。

関連語句 【反】fresh 新鮮な

423

stimulate
[stímjəlèit]

【他動】(人を)激励する、刺激する

吸ってみれーと彼らを**刺激する**

外国製タバコを誇らしげに勧める若い男性

A: He is full of pep recently, isn't he?
B: The promotion stimulated him to work eagerly, I guess.

A: 彼、最近、元気いっぱいじゃない?
B: 昇進が**刺激になって**働く気になったのかもね。

関連語句 【名】stimulus, stimulation 刺激、stimulant 刺激物、興奮剤

LEVEL 2

424 **storage**
[stɔ́:ridʒ]

【名】貯蔵、保管、倉庫

スッと零時に**貯蔵**

零時ちょうどに台所の床下に包みをしまいこむ主婦

A: This new product can be folded for easy storage.
B: You are such a creative thinker.

A: この新製品は、簡単に**片付けられる**ように折りたためるんだ。
B: あなたは、発明の天才ですね。

関連語句　【他動】store ～を蓄える　● We should store up food for disasters. 災害に備えて食べ物は蓄えた方がいい。

425 **strategy**
[strǽtədʒi]

【名】戦略、細心な計画

ストだ、**定時**に帰る**戦略**

5時キッカリにサッと出て行く様子の社員たち

A: The anti-deflation strategy is starting to work.
B: That's the way!

A: デフレ**対策**が功を奏し始めたよ。
B: その調子だ！

関連語句　【形】strategic 戦略の　● strategy 全体の作戦計画、tactics 個々の戦闘上の戦術

426

subordinate
[səbɔ́:rdənət]

【名】部下、従属するもの
【形】下の、従属する

部下は「**サボんでねー**」といわれる

偉そうな上司に叱られ小さくなっている若手社員

A: She leaves everything to her subordinates.
B: That sounds like an irresponsible act.

A: 彼女はすべてを**部下**に任せる。
B: 無責任な行動だね。

関連語句 ● immediate subordinate 直属の部下

427

subsidy
[sʌ́bsədi]

【名】助成金、補助金

助成金だけじゃ**さびしいでー**

傾いた会社で助成金の封筒を手にして空しい顔の老社長

A: Our company decided to apply for a government subsidy.
B: I hope it helps us to survive.

A: 我が社は政府の**補助金**を申し込むことにしました。
B: それで生き残れるといいのですが。

関連語句 【他動】subsidize ～に補助金を出す ● The airline company is heavily subsidized. その航空会社はかなり援助されている。

LEVEL 2

428 subtle
[sʌ́tl]

【形】微妙な、巧みな

微妙な感じを**悟る**

おしゃれして出かける妻を見て、何かあるなと勘ぐる夫

A: Did you catch the manager's subtle smile?
B: Yes, what does that mean?

A: マネージャーの**微妙な**笑み、見た？
B: うん、あれは何を意味するんだろう。

関連語句　【名】subtlety 巧妙さ、繊細さ　● The tea master served us tea with great subtlety. その茶道家は非常な繊細さで私たちに茶をたててくれた。

429 sue
[súː]

【他動】〜を告訴する、〜に訴訟を起こす

告訴すーる

警察署に駆け込む人

A: I'll sue you for defamation of my character.
B: Come on, hold your horses.

A: 私はあなたを名誉毀損で**訴えます**。
B: ちょっと待って、落ち着いてください。

関連語句　● The doctor was sued for medical malpractice. その医師は医療過誤で訴えられた。【名】suit 訴訟　● a civil suit 民事訴訟

430

superficial

[sùːpərfíʃəl]

【形】表面に現れた、実質のない

<u>スーパー必死やろ</u>、<mark>表面的に</mark>は

店頭で呼び込み中の店長と店内でだらける店員たち

A: I must say your report is too superficial.
B: I'm sorry. I'll dig more deeply.

A: 君の報告は**表面的だ**と言わざるを得ない。
B: すみません。もっと掘り下げます。

関連語句 【副】superficially 表面的に

431

surgery

[sə́ːrdʒəri]

【名】外科手術、手術室

<u>さあ砂利</u>を落として<mark>手術</mark>の準備

手術室に向かう患者の作業着の砂利を落とす看護師

A: How's your stomach condition going?
B: Actually I will have to undergo surgery.

A: お腹の調子はどうですか？
B: 実は、**手術**を受けなくてはならないんです。

関連語句 ● surgery for ~ ～の手術 【類】operation 手術

LEVEL 2

432 surpass
[sə:rpǽs]

【他動】〜よりまさる、〜をしのぐ

「**さぁパス**！」「おい、**超えていっちゃったよ**」

大きすぎるパスを出してしまった選手にひと言

A: Good job! Your work surpassed my expectations.
B: That's quite flattering.

A: よくできましたね！あなたは私の期待**以上の**仕事をしてくれました。
B: それは、ほめすぎですよ。

関連語句 ● Patience surpasses learning. 忍耐は学問に勝る。（ことわざ）

433 survival
[sərváivl]

【名】生き残ること、生存者

生き残りの**サバ威張る**

海、1匹のサバが誇らしげに泳いでいる

A: How was your first business trip to the States?
B: I managed it all through my survival English.

A: 初めてのアメリカへの出張はどうでしたか？
B: 必要最低限の英語でなんとか**切り抜けた**よ。

関連語句 【自動】survive 生き残る ● the survival of the fittest 適者生存 ● The company won the struggle for survival. その会社は生存競争に勝った。

434 sustain

[səstéin]

【他動】〜を維持する、〜に耐える、（被害を）受ける

さすっていんだよ、**ずっと続けて**

ベッドに横たわる老人をマッサージする若い女性

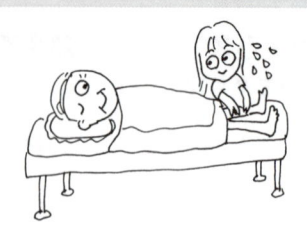

A: The boxer sustained a serious injury to his head.
B: I hope he's OK.

A: そのボクサーは頭に重症を**負いました**。
B: 彼、大丈夫だといいんだけど。

関連語句 【名】sustenance 生活維持 【名】sustentation 支持、生命の維持

435 swift

[swíft]

【形】迅速な、即座の

水夫とは**敏捷な**者なり

甲板をすばやく走る水夫

A: Would you give us a swift response to this suggestion?
B: I'll try my best.

A: この提案に対して**早い**対応を頂きたいのですが。
B: なるべくそうします。

関連語句 ● swift-footed 俊足の ● Our team needs swift-footed players. 我がチームは俊足の選手を必要としている。

LEVEL 2

436
symptom
[símptəm]
【名】徴候、症状

新婦とんだ症状に

結婚式披露宴、酒飲み過ぎてあばれる花嫁に慌てる客達

A: You developed the symptoms of hay-fever, right?
B: Unfortunately yes, ahchoo!

A: あなた、花粉症の**症状**が出てますね。
B: 残念ながらそうなんだ、ハクション！

関連語句　● cold-like symptoms 風邪のような症状　● relieve symptoms of ~ ～の症状を緩和する

437
tenant
[ténənt]
【名】賃借人、間借り人

この**賃借人**っ**て何と**読むの？

「設楽」という表札を見て首をひねる大家さん

A: Our company is going to be a tenant of that building.
B: The one under construction?

A: われわれは、あのビルを**間借り**することになりました。
B: あの建設中のビルですか？

関連語句　【反】landlord 家主、地主

438

theft
[θéft]

【名】盗み、窃盗罪

せいふ（財布）とられた、**盗み**だ～

財布がないのに気づいて、叫んでいる人

A: Another car theft?
B: Some gangsters are behind it.

A: また自動車泥棒？
B: 暴力団員が絡んでいる。

関連語句 ● thief 盗人、泥棒　● car theft 車の盗難　● identity theft 個人情報盗難

439

thermometer
[θərmámətər]

【名】温度計、体温計

あの**さぁもう見た**？　**温度計**

暑くて汗だくになっているふたり

A: It's too hot. May I turn on the air conditioner?
B: Let's see ... The thermometer here reads 30 degrees. OK, go ahead.

A: 暑すぎるよ。エアコンをつけてもいい？
B: そうだね…。**温度計**は 30 度を指している。よし、つけなさい。

関連語句 ● thermometer shelter 百葉箱　● cooking thermometer 調理用温度計

LEVEL 2

440 trigger
[trígər]

【名】引き金、動機
【他動】～を誘発する、～の引き金を引く

鳥がいた、**引き金**を

木の枝の陰に鳥をみつけ銃口を向けるハンター

A: What triggered the stock market fall?
B: Many factors, I suppose.

A: 株価市場の下落を**誘発した**ものは何ですか？
B: たくさんの要因があると思うよ。

関連語句 ● hair-trigger temper 短気 ● He has a hair-trigger temper. 彼は短気だ。

441 undergo
[ʌ̀ndərgóu]

【他動】～を経験する、～に耐える

あんだんごを**経験する**

あんだんごを食べようとしている外国人

A: Our company will undergo a rapid change under the recession.
B: We're ready for that.

A: 我が社は不況の中、急速な変化を**遂げようとしている**。
B: 準備はできています。

関連語句 【類】experience, go through ~ ～を経験する

442

urban
[ə́:rbən]

【形】都市の、都市化した

あーバンザイ！**都会**の暮らし

東京タワー、レインボーブリッジを見て喜ぶ若い男性

A: How do you like the urban life here?
B: It sure is exciting.

A: ここの**都会**生活はどうだい？
B: 確かにわくわくするよ。

関連語句 【他動】urbanize 〜を都会化する

443

utmost
[ʌ́tmòust]

【形】極限の、最高の
【名】最大限度

あと申すとこない**極限の**出来

フィギュアスケート演技後の選手とコーチが満点の得点板を見て大喜び

A: Congratulations on your success!
B: Thanks. We did our utmost to win the contract.

A: 成功おめでとう！
B: ありがとう。契約を結ぶのに最善をつくしましたから。

関連語句 ● do one's utmost to 〜 〜するのに最大限の力を尽くす ● The detective did his utmost to arrest the suspect. 刑事は容疑者を捕まえるのに最善を尽くした。

LEVEL 2

444 **vertical**
[və́:rtikl]

【形】垂直の、縦の
【名】垂直線(面)

バーッて刈るには**垂直の**方がいい

田んぼでコンバインに乗った農夫、縦方向に一筋刈った跡

A: Draw a vertical line on the map.
B: Like this?

A: 地図に**垂直の**線を引いてごらん。
B: こんな風に？

関連語句 【反】horizontal 水平の

445 **virus**
[váirəs]

【名】ウィルス、(道徳上の)害毒

倍らしい、**ウィルス**の強さは

マスク姿の患者が溢れる待合室を見て、医師がひと言

A: I hear that the new strain of virus is infectious.
B: Let's wear preventive masks.

A: 新しい**ウイルス**の株は感染力が強いらしい。
B: マスクを着用しよう。

関連語句 ● computer virus コンピュータウイルス

446

warehouse
[wéərhàus]

【名】倉庫、卸売店
【他動】〜を倉庫に貯蔵する

倉庫の**上は這う（と）巣**だらけ

狭いところを這って、蜘蛛の巣だらけになっている人

A: Where should we keep those products?
B: Store them in our warehouse.

A: この商品、どこに保存しておきましょうか。
B: われわれの**倉庫**に入れておいてください。

関連語句 【類】storehouse 倉庫

447

withdraw
[wiðdrɔ́ː]

【自動】引き下がる、退出する
【他動】〜を撤退させる

いず（いつ）道路から**引き下がる**？

道路を占領している猿たちが退散について相談している

A: We have to withdraw from the construction business.
B: It's a shame.

A: 建設業から**撤退**しなければならない。
B: 残念です。

関連語句 【名】withdrawal 撤退、退出 ● They should accelerate the withdrawal of all military forces from there. そこからの全軍撤退を急ぐべきだ。

LEVEL 2

448 yearn
[jə́ːrn] 【自動】憧れる、切望する

やーん！彼に**あこがれちゃう**！

イケメン男子が向かってくるのを見て興奮する女の子たち

A: The government started paying benefits to parents with children.
B: That's good news for couples yearning for a child.

A: 政府は子ども手当を始めたよ。
B: 子どもを**欲しがっている**カップルには良いニュースだね。

関連語句 ● yearn to do ～することを切望する ● She yearns to move to the sales department in her office. 彼女は営業部に移りたがっている。

帰ってきた語呂 Part II

tactful	【形】如才ない	**タクトふる**指揮者、**如才ない**
hector	【他動】～を怒鳴る	**怒鳴りつける**も、**へこた**れない
piracy	【名】海賊行為	**海賊行為**の目的は**パイらしい**
anemometer	【名】風力計	**姉も見た風力計**
glut	【自・他動】食べ過ぎる、～を過度に食べさせる	**食べ過ぎる**と、**グラッと**きたとき動けない
calamari	【名】イカ	**イカ**が**からまり**ました
arrear	【名】未払い金	**ありゃー、未払い金**が
arson	【名】放火犯人	君が**放火犯人**？ **あーそん**なバカな！
stingy	【形】ケチ	**ケチ**は何も**捨てんじー**
squirrel	【名】リス	怪我した**リス**が**救われる**

10月19日はTOEICの日！？
― 語呂合わせの元祖は数字 ―

　おわかりですか？　10月19日は10（トー）19（イック）の日です。この日は1年の中でいちばん一生懸命TOEICの勉強に励みましょう。
　そもそも語呂合わせは数字でつくったのが元祖のようです。つまり、56で「語呂」というわけ。
　先日泊まったホテルの部屋番号が1019号室でした。「あらー、TOEICだわぁ」気分転換の観光旅行だったのに妙に落ち着きませんでした（笑）。
　周りにある何でもつい語呂合わせしてしまう習性がすっかり身についてしまっています…　運転中すれ違った車のナンバーが「・758」なら、品川ナンバーでも「名古屋の人かな？」前の車に近づいて見れば「8706」、「離れろ！」はい、すみません、つい tailgate してしまう私ですがもっと車間距離とります…（tailgate 前の車にぴったりくっつくのは慣れ**ている芸当**！）
　もちろん電話番号おぼえるのによく語呂あわせをしますよね。36-1296（サブローの胃袋、または、見ろ見ろ胃袋…36×36＝1296だから）、430-5454（シミをゴシゴシ）。携帯電話にすっかり頼る最近は電話番号を語呂で覚えることもあまりなくなってしまい、ちょっと残念です。

　英単語に話を移して、この本に掲載の語呂あわせを作る過程でも、ピタッとハマって傑作ができたときは快感！逆に簡単そうにみえてなかなか語呂にならない単語に悩まされたり。てごわい単語をあれこれひねり回した末やっと産み出すのもまた楽し。授業中に生徒に新単語の覚え方を語呂合わせで伝授すると「なーるほど！」とぱっと顔が明るくなるのを見るのは嬉しいもの。そんなわけでまだまだしばらくは、語呂合わせ単語の魅力にとりつかれていそうです。
　皆さんも自分にだけウケる秘密のオリジナル語呂合わせなどを加えて、楽しみながらどんどん英単語の語彙を増やしていってください。

LEVEL 3

〈Advanced〉
高得点獲得のための重要語

450 ~ 500

449

accrue
[əkrúː]

【自動】利子がつく、蓄積する
【他動】(利益などを)蓄積する

あくる朝、**利子がついた**

朝、銀行からうれしそうに出てくる人

A: How much interest will accrue on my savings?
B: The rate is around 3 percent.

A: わたしの貯蓄にどのくらい**利子がつき**ますか？
B: 約3パーセントです。

関連語句 ● accrued debt 累積赤字

450

adjacent
[ədʒéisnt]

【形】近くの、隣接した

あ、ジェイソン隣りに**い**る

いつのまにか隣にいたジェイソンくんにビックリしている学生

A: Shall we purchase the land adjacent to the local shopping area?
B: It depends on our financial condition.

A: 地元の商店街に**隣接する**土地を買いましょうか？
B: 我々の財政状況によります。

関連語句　【名】adjacency 近接、隣接していること

LEVEL 3

451 allergy
[ǽlərdʒi]
【名】アレルギー

あら、じいさんに、**アレルギー**
症状が

発疹に悩まされている表情のおじいさん

A: How about an omelet for lunch?
B: Sorry, I have an allergy to eggs.

A: お昼にオムレツはいかが？
B: ごめんなさい、卵に**アレルギー**があるんです。

関連語句 【形】allergic アレルギーの　●I'm allergic to milk products. 私は乳製品にアレルギーがあります。

452 amenity
[əménəti]
【名】施設、快適さ、恩恵、特典

飴煮て生活できる、これ、**恩恵**

飴を煮て満足そうな人

A: The gap between rich and poor countries is considerably large.
B: I know. Some nations lack even the most basic amenities.

A: 国によって貧富の差がかなり大きい。
B: 知ってる。基本的な**設備**さえない国もあるし。

関連語句　●modern amenity 文明の利器

453

asthma
[ǽzmə]

【名】ぜんそく

あずまやに住んで**ぜんそく**が治った

ぼろい家の前で大きく深呼吸している若者

A: My daughter has been hospitalized for asthma.
B: Oh, that's terrible.

A: 娘が**ぜんそく**で入院しているのです。
B: おや、それはご心配ですね。

関連語句 【形】asthmatic ぜんそく（患者）の ●I'm asthmatic. = I have asthma. 私はぜんそくです。

454

browse
[bráuz]

【名】立ち読み
【自動】拾い読みする、店を見て歩く
【他動】〜をざっと見る

ブラ**ブラうず**うず**歩き回る**

ぶらぶらとウィンドウショッピングする女性

A: How can I help you?
B: I'm just browsing.

A: いかがいたしましょうか？
B: **見ている**だけです。

関連語句 【名】browser（コンピュータ用語）閲覧ソフト

LEVEL 3

455 collaborate
[kəlǽbərèit]

【自動】協力する、協調して取り組む

こら、亡霊となに協力してる
の

亡霊とこそこそ話している少年と、それを見て叱るお母さん

A: Why don't we collaborate with them to market the new product?
B: OK. Let me contact them right away.

A: 新しい製品を売り出すために彼らと**協力し合いましょうか**。
B: いいですね。すぐに連絡しましょう。

関連語句 【名】collaboration 協力、共同研究 ● We should promote collaboration between industry and academia. 産学協同を推進していくべきです。

456 condemn
[kəndém]

【他動】〜を非難する

混んで無理！と非難する

混んで乗れなかった男性が、駅員を非難している

A: Whatever the cause, terrorism must be condemned.
B: No doubt about it.

A: どのような理由であれ、テロリズムは**非難されなければ**ならない。
B: 間違いない。

関連語句 【名】condemnation 非難 ● The Prime Minister expressed deep condemnation towards terrorism. 首相はテロ行為に対し激しい非難を表明した。

457 condolence
[kəndóuləns] 【名】お悔やみ、弔辞

近藤です、**お悔やみ**申し上げます

近藤さんが、葬式でお悔やみを言っている

A: Please accept my deepest condolences.
B: Thank you.

A: **お悔やみ**申し上げます。
B: ありがとうございます。

関連語句 ● condolence payment 香典　● condolence speech 弔辞

458 congestion
[kəndʒéstʃən] 【名】渋滞

渋滞のため**来んです、ちょん**と待とう

高速道路の渋滞に巻き込まれた男女

A: What took you so long?
B: I got caught in the rush-hour congestion.

A: なぜこんなに遅かったの？
B: ラッシュアワーの**渋滞**に巻き込まれてしまって。

関連語句 【形】congested 混雑した、密集した、詰まった　● My nose is congested. 鼻が詰まっている。

LEVEL 3

459 **consecutive** 【形】連続した、論理の一貫した
[kənsékjətiv]

今世紀ってば連続してる？

21世紀カレンダーをめくる子ども

A: We posted a record profits for three consecutive years.
B: That's quite an accomplishment.

A: 史上最高の利益を3年**続けて**記録したよ。
B: それはたいした偉業だ。

関連語句 【副】consecutively 続けて ● The marathon runner won three races consecutively. そのマラソンランナーは3つのレースに立て続けに勝った。

460 **convene** 【他動】（会議などを）開催する
【自動】（会議などが）開催される
[kənvíːn]

今晩会合を開く

「土曜日の晩、会合を開きます」との回覧

A: When will the board meeting be convened?
B: Tomorrow afternoon, sir.

A: 重役会議はいつ**開かれますか**？
B: 明日の午後です。

関連語句 【類】hold 〜を開く ● hold the meeting 会議を開く

461

creep
[kríːp]

【自動】忍び寄る
【名】ぞっとする感じ

栗いっぱい忍び寄る

人に栗がたくさん、忍び寄っている

A: Some workers are scared of the creeping unemployment rate.
B: That will greatly affect their morale.

A: **忍び寄る**失業を恐れている労働者もいる。
B: それがやる気に影響を及ぼすだろう。

関連語句　● That gives me the creeps. それはぞっとするね。

462

curator
[kjúəreitər]

【名】館長、学芸員

急冷凍でカチカチの**館長**

凍っている館長

A: I enjoy my work as a curator of the museum.
B: I'm glad to hear that.

A: 博物館の**館長**としての仕事を楽しんでいます。
B: それは良かった。

関連語句　● curator of a library 図書館長

LEVEL 3

463 curtail
[kərtéil]

【他動】～を削減する、～を縮小する

勝っているから、軍を**削減しよう**

兵士に「帰ってよし」と伝える大佐

A: We may have to curtail production.
B: No one can escape from this global economic downturn.

A: 生産を**削減しなくては**いけないかもね。
B: だれもこの世界的規模の不況から逃れられないね。

関連語句 ● curtailed operation 操業短縮

464 diagnose
[dàiəgnóus]

【他動】～を診断する
【自動】診断する

代役のうすのろが**診断する**

うすのろっぽい医者に診察されて不安そうな人

A: I was diagnosed with a stomach ulcer.
B: Stress can be one of the causes.

A: 胃潰瘍と**診断された**の。
B: ストレスが原因の一つになっているかもしれないね。

関連語句 【形・名】diagnostic 診断の・診断器具、病気の特徴　【名】diagnosis 診断

465 eligible
[élədʒəbl]

【形】適格な、資格のある

えー理事ぶるのは**適格な**の？

まるで理事のように威張っている人を見て首をかしげる人

A: We are looking for someone with accounting experience.
B: Then, I'm eligible.

A: 会計の知識を持った人を探しています。
B: でしたら、私は**適格**です。

関連語句 【名】eligibility 適格、適任、被選挙権

466 evacuate
[ivǽkjuèit]

【他動】〜を避難させる、〜を撤退する
【自動】避難する、立ち退く

そう**言えばクウェート**に**避難した**よ、彼ら

アラビア半島、クウェートを目指し避難する人々

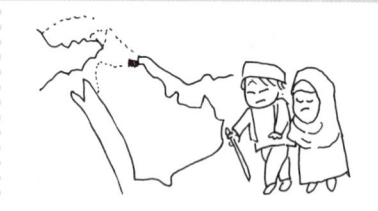

A: Tsunami warnings for this area were issued.
B: We must evacuate the residents immediately.

A: この地域の津波警報が出された。
B: 住民をすぐに**避難させ**なければ。

関連語句 【名】evacuation 避難 ● evacuation center 避難所
● evacuation life 避難所生活

LEVEL 3

467 hamper
[hǽmpər]

【他動】～を阻止する、～を邪魔する

半端に邪魔する

仕事をしている人の後ろで、音楽を聴いて邪魔する

A: The recession is hampering job hunting for many.
B: It's serious, indeed.

A: この不景気で多くの人たちが職探しが**難航してる**。
B: 本当に深刻だよ。

関連語句 ● be hampered by ~ ～によって阻まれる　● The event was hampered by heavy rains. そのイベントは大雨のため中止になった。

468 hassle
[hǽsl]

【名】奮闘、ごたごた、争い
【他動】～をしつこく悩ます
【自動】けんかする

ごたごた争いを発する

会社で口論している人々

A: How did it go with the general meeting of shareholders?
B: It ended without too much hassle.

A: 株主総会はどうでしたか。
B: たいした**問題**もなく終わりました。

関連語句 ● No hassle at all. 何の問題もありません。簡単です。

469 incumbent
[inkʌ́mbənt]

【名】現職議員、現職者
【形】現職の、責務のある

印鑑バンと押す**現職議員**

議員バッチを付けた偉そうな男が、書類に印鑑をバンと押している

A: Another bribery by an incumbent member of the Diet.
B: Again? I've had enough of it.

A: 国会**現職議員**による賄賂だって。
B: また？ もううんざりだね。

関連語句 【名】incumbency 在任期間、責任

470 incur
[inkə́:r]

【他動】（負債、損害を）負う、受ける

引火して損害を**受ける**

燃えさかる建物を見て泣いている社長

A: He is sometimes a bit rude.
B: That's why he often incurs the displeasure of our customers.

A: 彼は時々ちょっと失礼な態度よね。
B: それでよくお客様の機嫌を**損ねる**んだ。

関連語句 【名】incurrence 損害などを受けること

LEVEL 3

471 inventory
[ínvəntɔ̀:ri]

【名】在庫品、棚卸表、在庫品調べ
【自動】棚卸しをする、在庫を調べる

いい弁当折の**在庫確認**

弁当用折り箱が大量に積まれているのを見て満足げの社員

A: Oh, no. The store's closed today.
B: Look here. The notice says they're checking the inventory today.

A: あれ、お店が閉まってる。
B: ほら、ここのお知らせでは今日は**棚卸し**だってさ。

関連語句 ● just-in-time inventory management, zero-inventory system 荷材料を在庫にせずにそのまま使うという商品管理方式

472 irrigation
[ìrəgéiʃən]

【名】灌漑、水を引くこと

（水の）**入りが少（々）**の**灌漑**

灌漑用水がほとんどない水路

A: Where should we take water for the irrigation from?
B: From the lake in the neighboring city.

A: どこから**灌漑**用水を引いてくるべきでしょうか？
B: 隣町の湖からでしょうね。

関連語句 【他動】irrigate ～を灌漑する ● We irrigate the desert with water from the river. 私たちはその川から水を引いて砂漠を灌漑する。

473

keynote
[kí:nòut]

【名】要旨、基調、基本方針
【他動】〜で基調演説をする

昨日と今日、**基調講演する**

連日のように演壇に立ち基調講演する人

A: Who is today's keynote lecturer?
B: Mr. Tanaka, the Nobel Prize laureate.

A: 今日の**基調**講演者はどなたですか？
B: ノーベル賞受賞の田中氏です。

関連語句 ● keynote presentation 基調プレゼンテーション

474

listless
[lístləs]

【形】無関心な　気乗りしない

リスと**レッス**ン、**気乗りしない**

つまらなそうにリスと一緒の英語レッスンを受ける生徒

A: I am worried that some of our students are growing listless nowadays.
B: I've noticed that.

A: 最近生徒の何人かが**やる気なさそう**で心配です。
B: 私も気づきました。

関連語句 【副】listlessly 力なく

LEVEL 3

475 **mandatory**
[mǽndətɔ̀:ri] 【形】強制の、義務的な

まんだ取りなさい、と**強制的な**命令

蜘蛛の巣をとっている生徒に先生が発破をかけている

A: Is it mandatory to retire at the age of 60 in Japan?
B: No, the law has been changed.

A: 日本では60歳の定年は**強制的**なんですか？
B: いいえ、法律が変わりましたよ。

関連語句 【類】compulsory 義務的な　● compulsory education 義務教育

476 **obesity**
[oubí:səti] 【名】病的な肥満、太りすぎ

帯してぇ、**肥満**のこの身体に

肥満体の人の着付けの最中

A: She finally joined the obesity class at the clinic.
B: I'm afraid it's too late to be of use.

A: ついに彼女は医者との**肥満**治療を始めたよ。
B: 効果を得るには遅すぎる気もするけど…

関連語句 【形】obese 肥満の 【類】fat 太った　overweight 太りすぎの

477

outnumber
[àutnʌ́mbər]

【他動】～に数でまさる、～より数が多い

(答えが)**合うと何倍**も**点数まさる**

TOEIC スコアカードを持って喜んでいる人

A: In my company, women outnumber men by two to one.
B: What is the line of business, may I ask?

A: うちの会社は女性の数が2対1で男性**より多い**んです。
B: どんな業種が聞いてもいいですか？

関連語句 ● be outnumbered 劣勢で　● In parliament, the Social Party is far outnumbered. 議会では社会党ははるかに劣勢である。

478

overdue
[òuvərdú:]

【形】支払期限の過ぎた、未払いの、出産予定日を過ぎた

オーバー（コート）10万円の**支払期限過ぎちゃった**

高級なコートを着ているのにお財布をのぞき、困り顔の女性

A: The city library started to charge fines for overdue books.
B: That's an idea.

A: 市の図書館が返却**期限過ぎたら**罰金を科すことにしたよ。
B: いいことだね。

関連語句 ● The airplane is two hours overdue. 飛行機が2時間遅れている。
【類】late 遅れた

LEVEL 3

479 overture
[óuvərtʃùər]

【名】予備交渉、提案、序曲
【他動】～を提案する、～を序曲で導入する

おばーちゃんが**序曲**を提案

指揮者に楽譜を見せるおばあちゃん

A: I love the "William Tell Overture" so much.
B: The one by Rossini?

A: 私「ウィリアム・テル**序曲**」が大好きなの。
B: ロッシーニの？

関連語句　● peace overtures 講和　● The President made a peace overture to the country. 大統領は、その国に講和を申し入れた。

480 periodic
[pìəriá:dik]

【形】周期的な、定期的な

ドン**ペリ**をじっく**り**飲む**定期的な**習慣

毎月1日はドンペリの日と勝手に決めている人

A: I hear many companies have stopped periodic hiring.
B: Really? That's one of the effects of the recession.

A: 多くの企業が**定期**採用をやめたらしいですよ。
B: 本当ですか？それも不況の影響ですね。

関連語句　【形・名】periodical 定期刊行の・定期刊行物、雑誌　● I subscribe to an animation periodical. 私はアニメ雑誌を予約購読している。

481 plagiarism
[pléidʒərìzm]

【名】（他人の文章、考案など）盗んで自分のものとすること、盗作（したもの）

同じ**プレイじゃ、リズム**もそっくり、**盗作**だ！

ステージ上の踊りを見て、怒りまくる振り付け師

A: How about "Hungry? Cup noodle!" as a catch phrase for our new TV ad?
B: No! That's nothing but plagiarism.

A: 新しいテレビ宣伝のコピーは「お腹がすいた？カップヌードル！」はどうでしょう？
B: だめですよ。それじゃ**盗作**にほかならない。

関連語句 【形】plagiaristic 盗作の　● blatant plagiarism 露骨な盗作

482 quantum
[kwá:ntəm]

【名】量、量子、（形容詞的に）飛躍的な

量をはかるのは**簡単**

量子論の本を難しそうな顔をして読む人の横でキッチンスケールでものの重さを量る人

A: How can we expect a quantum leap in this stagnant economic climate?
B: It depends on how much creativity you have, guys.

A: どうやってこのような停滞経済の中で**画期的な**躍進を期待できるでしょう？
B: それは皆さんが創造力を発揮するか次第です。

関連語句 ● a quantum of（否定文で）ほんの少量の　● There is not a quantum of evidence that you are innocent. あなたが潔白だという証拠は少しもない。

LEVEL 3

483 quench
[kwéntʃ]

【他動】（火、明かりを）消す、〜を…で抑える（with）

火を**消す**となんも**食えんち**ゃ

鍋料理をつつこうとして、火が消えていることに気づく家族

A: So how did you deal with the fire from your car?
B: I was so frightened that I quenched it with water.

A: それで車から火が出てどう対処したの？
B: すごくびっくりして水をかけて**消し**ちゃったんです。

関連語句 【形】quenchable 消せる 【反】unquenchable 消すことのできない、抑えられない

484 reiterate
[riítərèit]

【他動】〜を繰り返して言う、〜を反復する

何度も借**りたれー**と**繰り返す**

アクトク金融からのんきな顔でお金を借りる人

A: How should I explain our products at the upcoming presentation?
B: Just try to reiterate the advantages of them.

A: 来たるプレゼンテーションで当社の製品をアピールするにはどうしたらよいでしょう？
B: とにかく製品の長所を何度も**繰り返し**てみたらいい。

関連語句 【名】reiteration 反復、裏面刷り 【名】reiterator 反復する人

485

relocate
[rìlóukeit]

【他動】～を移転させる、～を転勤させる
【自動】新しい場所に移転する

<u>理路系統</u>だてて**移転する**

田舎の小さな社屋から都会の大きな社屋へ

A: What happened to the issue of relocating the Air Base?
B: Looks like it's taking a long time to reach a conclusion.

A: 空軍基地**移転**問題はどうなったんでしょう？
B: 結論が出るのに時間がかかっているようですね。

関連語句 【名】relocation 再配置、移転　● What do you think about relocation of the capital city? 首都移転についてどう思いますか？

486

resilient
[rizíljənt]

【形】はね返る、弾力のある、回復力のある

理事、離縁となるもすぐに復縁、**回復力ある**

理事と中年の女性の復縁

A: The company is expected to make a resilient recovery from the huge deficit.
B: Yes, the government's bailout plan has worked.

A: その会社は巨大赤字を**はね返して**回復することが期待されていますが。
B: そうですね。政府の救済措置がうまくいきました。

関連語句 【名】resilience 跳ね返り、回復力、弾力性　● Can we see some sign of economic resilience? 経済回復の何らかの兆候は見られませんか？

LEVEL 3

487 reunion
[rìjúːnjən]

【名】再会の集い、親睦会

同窓会行く**理由に女**のかげ…

女性の顔を思い浮かべながら嬉々として同窓会の会場に向かう男性

A: I attended my junior-high school reunion last week, and found that Ken is now a lawyer.
B: Really? That naughty boy?

A: 先週、中学校の**同級会**に出たんだけどね、ケンが弁護士になっていたよ。
B: 本当？あのいたずらっ子が？

関連語句 【自・他動】reunite 再会する、〜を再会させる

488 route
[rúːt]

【名】道路、路線、（〜への）道、手段

この**道**を通**ると**近い

地図を見て近道を見つけ進む、その先の橋はこわれているのに…

A: Looks like this is the shortest route to the theater.
B: OK, let's try it.

A: どうやらこれが劇場への最短**ルート**みたいだね。
B: よし、これで行こう。

関連語句 ● Route 66 米国の都市を結ぶハイウェイ ルート 66

489 setback
[sétbæk]

【名】妨げ、敗北

瀬戸ばっかり行くのは**敗北**

瀬戸の地図を手にしている男性を指差しあざける相方

A: The political party suffered a dramatic setback.
B: It's just as I expected.

A: その政党は劇的な**敗北**を喫したね。
B: 予想通りだよ。

関連語句 ● Mr. Okada has overcome many setbacks. 岡田氏はたくさんの挫折を乗り越えてきた。

490 skeptical
[sképtikl]

【形】懐疑的な、疑い深い

スキップって**軽**やか？と**懐疑的**

オジサン達がスキップしている脇で腕組み首かしげている人

A: Can you make it for the meeting?
B: I'm a bit skeptical. The traffic is still heavy.

A: 会議に間に合うでしょうか？
B: ちょっと**疑わしい**ね。道がかなり混んでいるから。

関連語句 【副】skeptically 疑い深く 【名】skeptic 疑い深い人、懐疑論者

LEVEL 3

491

sorority
[sərɔ́rəti]

【名】(大学の) 女子学生社交クラブ、女性クラブ

女子学生クラブを そろーり偵
察にいく

女子学生クラブ会館のあたりで、うろうろする男子学生

A: Please come join our sorority. We have a lot of fun events.
B: Thank you, with pleasure.

A: どうぞ、私たちの**クラブ**に入ってください。楽しいイベントがたくさんありますよ。
B: ありがとう、喜んで。

関連語句 【反】fraternity 男子大学生の友愛会、同業者仲間

492

surcharge
[sə́ːrtʃɑ̀ːrdʒ]

【名】追加料金
【他動】(追加料金を) 請求する

サっちゃん、じゃあ 追加料金
ね

飲み屋で店員が酔った小林幸子ににこやかに追加料金を請求

A: This is a rush order.
B: We'll deliver it by this afternoon for a 20 percent surcharge.

A: 急いで配達して欲しい。
B: 20パーセントの**割増料金**で今日の午後に配達します。

関連語句 ● fuel surcharge (旅客機の) 燃料サーチャージ

493

surveillance
[sərvéiləns]
【名】監視、監督

監視装置に**しゃべらす**のは難しい

監視装置を見上げながら、相談する技術者

A: It's like we are surrounded by surveillance cameras everywhere.
B: Yeah, we'd better behave ourselves.

A: どこにいても私たちは**監視**カメラに囲まれているみたいだね。
B: そう、いつでも行儀良くしてなさいってことだね。

関連語句 ● surveillance aircraft 偵察機

494

temperature
[témpərtʃər]
【名】温度、気温、体温

天ぷらちゃーんといい**温度**でね

温度を測って天ぷらを揚げる夫と、わきで指示するだけの妻

A: What's the advantage of the new container?
B: It can keep our products at a low temperature.

A: その新しいコンテナの特長はなんですか？
B: 我が社の製品を低**温**で保管できます。

関連語句 ● basal body temperature 基礎体温　● The doctor told me to track my basal body temperature. 医師に、基礎体温をつけるように言われました。

495

tenuous
[ténjuəs]

【形】あいまいな、薄弱な、薄い

あいまいな状況で**手に汗**をにぎる

手に汗しながら、サーカスの綱渡りを見てる人

A: Your report was rejected by the boss, right?
B: He said it's based on tenuous data.

A: 君のレポートは上司に却下されたんだろう？
B: 彼によると、データが**あいまい**らしい。

関連語句 ● She has a tenuous voice. 彼女の声はか細い。

496

tuition
[tuíʃən]

【名】授業料、月謝、授業

注意しよう、**授業料**まだだよ

生徒に授業料未納のお知らせをする英会話学校の事務員

A: I can't afford the tuition for the English conversation school.
B: That's too bad.

A: 英会話学校の**授業料**を払えないよ。
B: それは残念。

関連語句 ● He plans to have private tuition in French. 彼はフランス語の個人授業を受ける計画を立てている。

497

venue
[vénju:]

【名】開催地、(行為の) 現場

開催地調**べ入**念に

世界地図上でオリンピック開催地を指し示す人

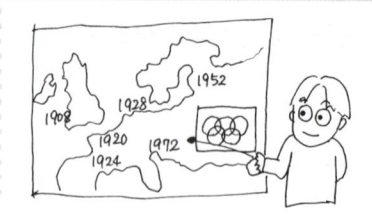

A: Which city is the venue for the next Olympics?
B: Rio de Janeiro is.

A: 次のオリンピック**開催地**はどこ？
B: リオデジャネイロだよ。

関連語句 ● the venue of the crime 犯罪の現場

498

verdict
[və́:rdikt]

【名】判決

バーでくどいた男の**判決**は？

裁判官がうなだれた男に判決を下すところ

A: What happened to him?
B: He was given the verdict of guilty.

A: 彼に何が起きたのですか？
B: 有罪**判決**が下ったんですよ。

関連語句 ● jury verdict 陪審員の評決

LEVEL 3

499 versatile
[və́ːrsətl]

【形】多才の、多目的な

ばあさん、タイル貼れるの、**多才**だねー。

タイルを貼ってるおばあさん

A: She really is a versatile actress.
B: Right. She is able to perform from queen to beggar.

A: 彼女は本当に**多才**な女優だね。
B: その通り。彼女は、女王から乞食まで演じられるからね。

関連語句 【名】versatility 多芸多才 ● He really is a person of versatility. 彼は本当に多才だ。

500 viable
[váiəbl]

【形】実行可能な、生存能力のある

倍あぶるのは**実行可能だ**

イカをあぶる露天のおっちゃんが、お願いと手を合わせる客にOKサイン

A: I advise you to commute by bike for your health and wealth.
B: It's not a viable option. Do you know that I drive for an hour to the office?

A: 健康と貯蓄のために自転車通勤を勧めるよ。
B: それは**実行可能な**選択肢とは言えない。職場まで車で一時間かかるって知ってる?

関連語句 ● viable economy 成長経済

英語でことば遊びあれこれ

　日々使っていることばは、世界のどこでもとても身近な遊び道具になっているようです。日本語にもありますね。「竹やぶ焼けた…たけやぶやけた」後ろから読んでもおなじという回文です。
　英語では "palindrome" と言い、こんなものがあります。（細かい文法はまあ気にしないで…）
- Was it a cat I saw?　　　　（私が見たのはネコ？）
- Step on no pets.　　　　　（どのペットも踏んでない）
- No lemons, no melon.　　　（レモンもなければメロンもない）
- Aid nine men, India!　　　（9人の人を助けて、インディア！）
- Too bad I hid a boot.　　　（私がブーツを隠したのはひどい）
- Sir, I'm Iris.　　　　　　（私はアイリスでございます）
- Now I see, referees, I won.（審判、私は勝ちましたよね）

　撞着語法って聞いたことありますか？　一見つじつまの合わない矛盾した言葉ですが、それが効果的な表現になっている不思議な用法です。
　英語では "oxymoron" と言い、こんなものがあります。
- a wise fool　　　　賢いバカ（愚かなふりをしている人）
- make haste slowly　ゆっくり急げ（急がば回れ）
- cruel kindness　　無慈悲な親切（浮気がばれたのに怒られるどころか妙に優しい…）
- bitter sweet　　　苦くて甘い（苦みの中に甘さがある）
- living death　　　（生ける屍のような）生き地獄
- jumbo shrimp　　　ばかでかい小エビ

　生きた人間によって使われている言葉はやはり生きています。時代の流れに沿って変遷したり新しい言葉が産み出されたりしています。
　「かばん語」って知っていますか？　英語では "portmanteau word" と言い、今では当たり前のように使われているものもあれば、一部の間で使われ始めた出来たてホヤホヤのもあります。
- brunch　　＝ breakfast ＋ lunch
- motel　　 ＝ motor ＋ hotel
- smog　　　＝ smoke ＋ fog
- smaze　　 ＝ smoke ＋ haze
- blog　　　＝ web ＋ log
- obroader　＝ obsolete ＋ roader（廃道探索者）

索引

【a】

absolute	2
absorb	2
absurd	120
accelerate	120
accommodate	121
accompany	3
accord	3
account	4
accrue	230
accumulate	121
accuracy	122
accuse	4
achievement	5
acknowledge	122
acquaint	123
acquaintance	5
acquisition	123
acute	124
address	6
adjacent	230
advance	6
advantage	7
advertise	124
advocate	125
afford	7
agenda	125
agriculture	8
alarm	126
allergy	231
allocate	126
allow	8
amaze	9
ambassador	127
amenity	231
amount	9
analysis	127
ancestor	10
anniversary	10
annoy	128
annual	11
anonymous	128
applicant	129
apply	11
architect	129
argue	12
arrange	12
arrest	13
article	13
assess	14
asset	130
assign	131
assistance	14
associate	130
assure	15
asthma	232
astonish	131
attach	15
attention	16
audit	132
authority	16
autonomy	132
avoid	17
award	17

【b】

bachelor	133
ballot	133
barrel	18
barren	134
battery	18
bid	134
blame	19
boast	19
bond	20
boost	135
bounce	135
breakthrough	136
brilliant	20
brisk	136
brochure	137
browse	232
budget	21
bulk	137
burden	21
bury	22

【c】

calculate	22
campaign	23
candidate	138
capacity	23
capital	138
career	24
casual	24
cater	139
CEO	139
charge	25
charity	25
cheat	26
check	26
circulation	140
clause	140
client	27
close	27
coalition	141
coherent	141
coincide	142
collaborate	233
colleague	142
collide	143
commend	143
committee	28
commodity	144
common	28
commute	144
compete	29
compile	145
compose	145
conceal	146
concentrate	29
concern	30
concession	146
condemn	233
condolence	234
conflict	147
congestion	234
consecutive	235
consensus	147
consume	148
contain	30
contaminate	148
contract	149
contradict	149
contribute	150
convene	235
conviction	150
convince	31
correct	31
correspondence	151
costly	151
cough	32
county	32
court	33
courteous	152
coverage	152
cozy	153
crash	33
credit	34

257

creep	236	
crew	34	
criminal	35	
crisis	35	
critical	36	
criticism	36	
crop	37	
curator	236	
current	37	
curtail	237	

【 d 】

decade	38
decay	38
decent	153
degree	39
delete	154
deliberate	154
deliver	39
demand	40
democracy	40
deny	41
descendant	155
destiny	155
detail	41
detect	156
determine	42
device	42
diagnose	237
dim	156
diplomat	157
director	43
disaster	157
disclose	158
disguise	158
disgust	159
distinguish	159
distress	160
diverse	160
divorce	161
donate	161
donor	162
dormitory	162
dose	163
downturn	163
drag	164

【 e 】

earn	43
edge	44
efficient	44

elaborate	164
eligible	238
eliminate	165
embark	165
embarrass	166
embrace	166
emerge	45
emergency	45
emission	167
enable	46
enchant	167
encounter	46
encourage	47
endeavor	168
endorse	168
engage	47
enhance	169
enroll	169
ensure	170
environment	48
envy	48
equip	170
establish	49
estate	49
estimate	50
evacuate	238
evolve	171
exaggerate	171
examine	50
excel	172
excursion	172
executive	173
exhaust	173
expand	51
expert	51
expertise	174
expose	52

【 f 】

facilitate	174
facility	175
famine	175
fatigue	176
feature	52
fee	53
finance	53
fluent	176
forbid	177
forecast	54
formulate	177

fortune	54
foundation	55
friction	178
fuel	55
fund	56

【 g 】

gaze	178
gene	179
gloomy	179
grant	56
guarantor	180

【 h 】

hail	180
halt	181
hamper	239
handle	181
harmful	57
hassle	239
heal	57
hesitate	58
hospitality	182

【 i 】

immediately	58
immigrant	182
immigrate	183
incentive	183
include	59
incumbent	240
incur	240
initiate	184
innocent	59
innovation	184
inquiry	185
insect	60
insist	60
inspire	61
instance	61
instinct	62
insure	185
intense	62
invasion	186
inventory	241
invoice	186
ironic	187
irrigation	241
isolate	187
issue	63
item	63
itinerary	188

【j】
judge 64

【k】
keynote 242

【l】
labor 64
laboratory 188
launch 65
liquid 65
listless 242
litter 189
lumber 189
luxury 66

【m】
maintenance 66
majority 67
manage 67
mandatory 243
masterpiece 190
material 68
mature 190
mayor 68
mechanic 191
medical 69
memorize 191
mention 69
merchandise 192
merge 192
merger 193
method 70
military 70
minister 71
moderate 193
modify 194
molecule 194
monitor 71
monotonous 195
motivate 195
mutual 72

【n】
necessity 72
neighbor 73

【o】
oath 196
obesity 243
obey 73
obtain 74
occasionally 74
occupation 75

omit 196
ordinary 75
organ 76
originate 197
otherwise 76
outcome 77
outgoing 197
outnumber 244
outstanding 77
overcome 78
overdue 244
overlook 78
overtake 198
overture 245
owe 79
oxygen 79

【p】
parallel 80
patent 198
periodic 245
pharmacy 199
physician 80
plagiarism 246
plunge 199
polish 81
popularity 81
precaution 200
predecessor 200
preserve 82
prevail 201
principle 82
priority 83
prove 83
provoke 201
psychology 84
punctual 202

【q】
quality 84
quantum 246
quarrel 85
quarter 85
quench 247
quit 86
quota 202
quote 203

【r】
raise 86
range 87
rare 87

raw 88
rear 88
recess 203
recognition 89
recognize 89
recommend 90
reconcile 204
recover 90
recruit 204
refugee 205
refuse 205
region 91
register 206
reiterate 247
relocate 248
remain 91
remarkable 92
rent 92
require 93
rescue 93
researcher 206
resilient 248
resist 94
resource 94
restore 95
resume 207
retailer 207
retire 95
reunion 249
rip 208
rotate 208
route 249
row 96
ruin 96

【s】
scan 209
scarce 209
scatter 97
scheme 97
scholar 98
scrap 210
secondhand 210
sector 98
secure 99
segment 211
setback 250
share 99
shortage 100
shrink 211

Word	Page
sigh	100
signature	101
similar	101
sincere	102
skeptical	250
skim	212
smuggle	212
soak	213
solution	102
sorority	251
spare	103
sponsor	103
stable	104
stain	213
stale	214
status	104
steal	105
stimulate	214
stock	105
storage	215
strategy	215
subordinate	216
subsidy	216
substance	106
subtle	217
suburb	106
sudden	107
sue	217
suffer	107
suitable	108
superficial	218
suppose	108
surcharge	251
surgery	218
surpass	219
surveillance	252
survey	109
survival	219
sustain	220
swallow	109
swift	220
symptom	221

【 t 】

Word	Page
task	110
temper	110
temperature	252
tenant	221
tendency	111
tense	111
tenuous	253
theft	222
thermometer	222
tide	112
token	112
treat	113
treatment	113
trigger	223
tuition	253

【 u 】

Word	Page
undergo	223
upset	114
urban	224
urge	114
urgent	115
utmost	224

【 v 】

Word	Page
variety	115
vehicle	116
venue	254
verdict	254
versatile	255
vertical	225
viable	255
virus	225
visual	116
voyage	117

【 w 】

Word	Page
wage	117
warehouse	226
withdraw	226

【 y 】

Word	Page
yearn	227
yield	118

【監修者略歴】
宮野 智靖 (Tomoyasu Miyano)
広島県出身。ペンシルベニア州立大学大学院スピーチ・コミュニケーション学科修士課程修了 (M.A.)。現在、関西外国語大学短期大学部教授。
主要著書:『ネイティブの英会話公式 BASIC 84』『TOEIC®TEST 英文法・語彙ベーシックマスター』『ネイティブ厳選 必ず使える英会話 まる覚え』(以上、Jリサーチ出版)、『新 TOEIC®TEST プレ受験 600 問』『TOEIC®TEST 究極単語 Basic 2200』(以上、語研)、『TOEIC®TEST PART 5 文法・語彙問題だけで 100 点アップ』(アスク出版)、『TOEIC®TEST730 点突破のための英単語と英熟語』(こう書房)。
主要資格:TOEIC990 点、英検1級、通訳案内業国家資格。

【著者略歴】
山本 淳子 (Junko Yamamoto)
新潟県出身。明治学院大学文学部英文学科卒業。新潟大学大学院教育学研究科教科教育専攻(英語教育専修)修了。現在、新潟経営大学経営学部准教授。
主要著書:『TOEIC®TEST PART 2 応答問題だけで 100 点アップ』(アスク出版)、『身によくつく TOEIC®TEST 完全攻略 730 点全パート』『看護師の英語』(以上、ノヴァ)、『小学校の英語 明日から使えるゲーム 55』(三省堂)。
主要資格:TOEIC990 点、英検1級、通訳案内業国家資格。

石澤 文子 (Ayako Ishizawa)
新潟県出身。青山学院女子短期大学英文学科卒業。
現在、私塾「レインボークラブ」、「AI・English」主宰。新潟市立明鏡高校英語非常勤講師、セルテック新潟柔道整復師養成学院英語講師、新潟労働局外国人労働者相談員。

【イラスト】
鹿住 幸子 (Sachiko Kazumi)

著作権法上、無断複写・複製は禁じられています。

新 TOEIC® テスト 最重要英単語 500 1語1分 超速マスター　　[1-495]

1 刷	2010 年 10 月 5 日

監修者	宮野 智靖
著 者	山本 淳子／石澤 文子
発行者	南雲 一範
発行所	株式会社 南雲堂
	〒162-0801　東京都新宿区山吹町 361
	NAN'UN-DO Co., Ltd.
	361 Yamabuki-cho, Shinjuku-ku, Tokyo 162-0801, Japan
	振替口座:00160-0-46863
	TEL:03-3268-2311(代表)／FAX:03-3269-2486
印刷所	日本ハイコム株式会社
検 印	省 略
コード	ISBN 978-4-523-26495-8　C0082

Printed in Japan

乱丁・落丁本はご面倒ですが小社通販係迄ご送付下さい。
送料小社負担にてお取り替えいたします。

E-mail nanundo@post.email.ne.jp　URL http://www.nanun-do.co.jp

南雲堂の
英単語ピーナツほどおいしいものはないシリーズ

金 メダルコース　　銀 メダルコース　　銅 メダルコース

村上式シンプル英語勉強法〔ダイヤモンド社刊〕で
米 google 副社長（当時）　村上憲郎氏 **おすすめ教材！**
TOEIC®テストに頻出の英単語が満載。必読の一冊です！

清水かつぞー著
各定価（本体 1000 円＋税）
四六判 CD 付き

音声と**コロケーション**（連語）
で覚える画期的な**単語集！**

スピード感がたまらない！　誰もが自在に使いこなせる無類の単語集！
精選されたテーマ別連語（ピーナツ）で合理的に覚えられる！

英語脳の鍛え方

―英文を正しく読む18のツボ―

金子　光茂／リチャード H. シンプソン　著
A5判　272ページ　定価1680円（本体1600円＋税）

本書は、どうすれば間違うことなく英語が正しく読めるようになるのか、その技術と実践を示した書物である。

主内容
- 1章　この英文が正しく読めますか？ 翻訳力テスト
- 2章　こまめな辞書引きは基礎の基礎
- 3章　彼、彼女、それ、それらはご法度
- 4章　形容詞は落とし穴だらけ
- 5章　時には必要、補充訳
- 6章　翻訳は原文どおりに頭から
- 7章　国語力への志は高く
- 8章　動詞はふくみも見落とさず
- 9章　名詞の誤訳は誤魔化し利かぬ
- 10章　助動詞をあまく見るな
- 11章　意外に乏しい英語力
- …
- 20章　全章のおさらいテスト
- など

誤訳ゼロへの挑戦

翻訳は昔も今も容易な仕事ではない。誤訳のない翻訳などない、と言っても過言ではない。本書は避けられない誤訳をどうしたら回避できるか、そこに焦点を当て、英語読解力向上を目指す人々のために編まれた指南書である。

南雲堂

南雲堂

宮岸羽合 編著 Miyagishi Hago

英単語レボリューション

Book **1** クラシック
Classic

Book **2** ルネサンスI
Renaissance I

Book **3** ルネサンスII
Renaissance II

Book **4** モダン
Modern

各定価
(本体700円+税)

便利なハンディー・タイプ！
いつでも、どこでも参照できる！

新書判

『英単語ピーナツほどおいしいものはない 金・銀・銅』
に続く新機軸の単語集！

特徴
※音声をインターネットからダウンロード出来ます(有料)

1. コロケーションだから、実力がつく
- 同時通訳者がコロケーション(連語)を覚えて育っていくように、本書はコロケーション重視だから覚えやすい、だから実力がつく。

2. 復習方式
- Classicの動詞はすべてRenaissanceに再登場、Renaissanceの名詞もほとんどがModernに再登場、つまり動詞や名詞は復習しながら覚えられる。

3. 速習対応
- 時間のない人はClassicとModernの2冊だけでも、本書の単語の99.8%をカバー、Renaissance I・IIとModernの3冊なら100%カバー、速習対応。

4. こだわりの例文・コロケーション
- 多くの用例は英語圏の新聞、雑誌、書籍から収録し、3人のネイティブスピーカーがチェック、Google検索でヒット数の少ないものは排除するこだわり。

5. iPodやiPhoneで聴ける
*使用環境を満たしていることが条件。iPod、iPhone、iTunesはアップル社の登録商標です。その他の商標はその会社のものです。
- 用例はインターネットでダウンロード(有料)してすぐにiPod等*で聴ける、時代の最先端を行く英単語集。

6. レベルと対象
- 難関大学入試対応、社会人の英語力向上、通訳・留学の基礎力養成に威力を発揮、TOEFL®やTOEIC®などの英語資格試験対策にも活用できる、英語教師必携。